教育心理学理论与发展探究

庞超波 著

中国纺织出版社有限公司

内 容 提 要

本书是教育心理学研究类专著。本书以教育心理学的理论与发展作为研究对象，从教育心理学的概述入手，阐述了心理发展基本理论，分析了教育心理学主体的心理，分析了不同学派的学习理论，阐述了学习与学习动机、知识的学习与技能的学习、学习的迁移、学习策略、创造力的培养、品德的形成，最后阐述了心理健康教育及其评价。本书适合学习教育心理学或从事相关工作的人群阅读与参考。

图书在版编目（CIP）数据

教育心理学理论与发展探究 / 庞超波著. -- 北京 : 中国纺织出版社有限公司, 2022.11

ISBN 978-7-5180-9999-3

Ⅰ. ①教… Ⅱ. ①庞… Ⅲ. ①教育心理学—研究 Ⅳ. ①G44

中国版本图书馆 CIP 数据核字（2022）第 204311 号

责任编辑：向连英　　特约编辑：武亭立
责任校对：江思飞　　责任印制：储志伟

中国纺织出版社有限公司出版发行
地址：北京市朝阳区百子湾东里 A407 号楼　邮政编码：100124
销售电话：010—67004422　传真：010—87155801
http://www.c-textilep.com
E-mail: faxing@c-textilep.com
中国纺织出版社天猫旗舰店
官方微博 http://weibo.com/2119887771
三河市延风印装有限公司印刷　　各地新华书店经销
2022 年 11 月第 1 版第 1 次印刷
开本：710×1000　1/16　印张：13.75
字数：204 千字　定价：78.00 元

凡购本书，如有缺页、倒页、脱页，由本社图书营销中心调换

前　言

自从美国著名心理学家桑代克于 1903 年出版《教育心理学》一书，西方教育心理学的理论体系才得以建立，由此确立了教育心理学独立的学科地位。教育心理学已有一百多年的历史，无论是在理论探讨、实验研究方面，还是在实际运用方面，都获得了大量富有特色的新成果、新理论以及丰富的实践经验。

21 世纪，心理学越来越受到人们的青睐，因为越来越多的人深刻地认识到，心理素质是人的核心素质。教育心理学作为心理学的分支学科，不仅充实了普通心理学的一般理论，也为整个心理学、教育学（特别是教学论、课程论和德育论）的理论发展起到了重要作用。教育学科如果离开了教育心理学的支持，将会变得泛而不实，难以解决实际问题。此外，教育心理学有助于教师科学地总结教育教学经验，为学校教学改革提供方法和理论基础。

在编写本书的过程中，笔者借鉴了国内外一些专家学者的研究成果，在此向这些文献的作者表示深深的敬意和感谢！由于时间关系，加之笔者水平有限，书中难免存在疏漏之处，恳请广大读者批评指正。

庞超波

2022 年 8 月

目　录

第一章　教育心理学的概述

第一节　教育心理学的学科性质

一、教育心理学的性质

各个学科的特性和其研究对象之间的关系都是十分紧密的，研究对象规定了该学科的体系，并决定了该学科的性质。教育心理学的研究客体是学生在教育过程中的一切心理现象及其变化规律，并依据相应规律研究怎样更好地进行教与学。由该定义推断，教育心理学应作为一门兼具应用研究与基础研究的学科。

早在教育心理学创建之初，许多研究者将教育心理学定义为心理学在教育领域中的应用。这种观点的影响一直持续到现在，目前仍有许多研究者把教育心理学当作一门应用学科，强调教育心理学的应用性研究。教育心理学这门学科具有应用性，这一点是确切无误的，因为研究教育心理学的目的就是要为教育寻找心理学依据，指导如何才能进行更有效的教学。但是，对应用性研究的重视并不意味着可以忽视理论探讨，如果过急地使新的应用脱离理论基础，那么这种应用就会变得极为肤浅甚至夭折，同时理论也得不到提高。通过适当的环节使应用与理论紧密联系，这将有助于二者互相修正、互相补充，这样，无论是应用的失误和局限，还是理论的失误和局限，都能被及时发现，并得以纠正。尤其是教育心理学这门学科，如果没有理论的指导，教学实验研究充其量也只能是一些零散的工作经验总结，其应用在教育上的贡献也就难以得到肯定。

由于历来都偏于注重应用研究而忽略对学科理论体系的探索，教育心理学逐渐失去个性，或者附属于心理学，或者附属于教育学，致使学科的发展陷入困境，只能等待一般心理学理论的建立或借用其他学科研究的成果。可以说，目前的教育心理学体系凌乱、内容庞杂且有不足，这正是长期以来对理论研究与探讨忽视的结果。

事实上，目前涉及教育领域的许多研究已经很难明确区分是基础理论研究还是应用研究，许多研究既有助于实际应用，又有助于发展基础理论。例如，有关人的知识习得和智力技能形成的研究，不但有助于从理解和改进教学实践的尝试中进行理论总结，促进学习理论的发展，同时又能面向具体教育问题提出改进措施。显然，应用研究和理论研究在教育心理学中的联系十分紧密，基本理论研究能够极大地促进应用研究，而在应用性研究的开展过程中又需要关注、总结其研究的成果，将一些根本原理进行概括并提升至教育心理学方面的根本理论。只有同等重视应用性研究和基础性研究，并通过教学等多种媒介和桥梁使理论和应用不断融合，教育心理学才能建立起较为稳定的体系，并不断发展。

二、教育心理学与相关学科的关系

教育心理学是教育学和心理学的交叉学科，因此，教育心理学既是心理科学的一个分支学科，又是教育科学大家庭中的一员。

（一）教育心理学与普通心理学、发展心理学的关系

普通心理学研究一般的心理活动规律，它涉及社会实践的各个领域，是各个心理学分支学科的基础。教育心理学也以普通心理学的研究成果为基础，但是，教育心理学并不是普通心理学的一般原理在教育中的应用，相反，教育心理学有自己的独特研究课题，形成了自己特有的研究体系和方法。而且，教育心理学关于各种情境中学习机制的研究也可以丰富和推动普通心理学研究的发展。比如，关于建构主义学习理论、情境认知的研究就对关于人类认知的整体研究产生了较为深远的影响。

发展心理学研究人在各个年龄阶段（从出生到晚年）的各个侧面（认

知的和社会性的）的心理特点及其发展规律。各年龄阶段学生的心理发展是发展心理学研究的重要内容，这些研究与教育心理学有着非常密切的关系。教育心理学研究品德学习、动作及认知时，都要考虑到某一年龄阶段的研究对象（学生）的心理发展水平。但是，发展心理学是从发展的角度来研究心理规律的，它所揭示的心理发展规律不限于学校生活的范围，它与社会实践的其他领域也是密切相关的。在研究儿童各年龄阶段的特点时，发展心理学要揭示各阶段发展的特点以及低级阶段如何为发展到高级阶段做准备，如何从一个阶段向高一级阶段发展。教育心理学则既要参照这些发展规律，又要着重研究学生在已有心理发展水平的基础上进行的各种学习活动的具体心理规律。总之，发展心理学为教育心理学提供了重要基础，而教育心理学的研究也有助于进一步揭示人在各年龄阶段的发展机制。

（二）教育心理学与课程和教学论的关系

教育心理学是教育科学中的基础性学科，很多教育分支学科都与教育心理学有着非常密切的联系。比如，课程和教学论作为教育科学中的核心性研究内容就与教育心理学密切相关。

课程和教学论主要研究：

（1）课程目标。包括总体目标与分科目标，具体表现为学生在知识、技能、能力、观念、态度和价值观等方面的发展情况。

（2）课程内容及其组织。如何对课程内容进行选择和组织，如何根据内容的逻辑结构和学生的发展水平编排成一定的学习顺序，分布在不同的年龄阶段。

（3）课程的实施。课程的实施即教学过程，研究各种课程内容的有效教学方法。

（4）课程评价。判断各种课程目标的实现情况，判断学生是否达到了预期的发展目标。

教育心理学对于以上各个方面的问题几乎都有所涉及。但课程和教学论的研究重在提出教学实践的基本原则和方法，说明应该如何实现有效的课程和教学。而教育心理学的研究则重在揭示教育教学条件下的学生心理活动的规律及其应用，为课程和教学设计提供心理学依据。课程和教学论的上述研究几乎都需要以教育心理学的研究作为重要基础。比如，教育心理学关于知识、技能、能力和品德的心理结构及其形成发展的研究，关于学习者的个别差异的研究，关于学习过程、学习策略和教学设计原理的研究，关于学习和教学的测评的研究，等等。而为了更好地指导课程和教学实践，教育心理学也必须密切结合各类课程及其教学的整体研究和实践，研究各学科的学习和教学心理，考察具体教学情境中的具体学习规律。随着教育心理学与课程和教学论的交叉性研究越来越深入，这两个领域的研究者对数学、语言、科学和技能等课程领域的认知学习问题进行了非常深入的研究，并在此基础上开展了大量的课程和教学改革的尝试，对当今的教育教学改革产生了非常重要的影响。

（三）教育心理学与教育技术学的关系

教育技术学作为新兴的一门教育科学领域内的交叉学科，它综合地运用教育学、心理学和信息科学等相关学科的知识，研究实现教育目标的最优手段和方法。教育心理学和教育技术学都研究学习过程及其促进问题，但教育心理学更关注学习的基本规律及其教学应用，而教育技术学则侧重于处方性的研究，即具体说明学习和教学的操作模式、方法以及资源工具。教育心理学尤其是教育心理学学习理论是教育技术学的重要理论基础。例如，在行为主义学习理论的基础上出现了关于程序教学、教学机器以及计算机辅助教学的研究，在认知学习理论的基础上进行的关于智能辅导系统的研究，在建构主义学习理论的基础上进行的关于计算机支持的协作学习的研究，等等，都体现了学习理论对于教育技术研究的重要影响。反过来，现代化教学手段的运用又为教育心理学的研究提供了新的研究课题。教育心理学家需要在新的信息技术环境中对人们学习及认知的过程进行再度审视，找到在传统学习情境下不突出及不存在的答案。例如，网络情境下的分布式认知，基于网络的协同知识建构与人际沟通，基于信息技术的可视化表征与知识建模，超媒体网络情境下的数据整合、获取及搜索，等等。近年来，教育心理学与教育技术学交叉融合的趋势越来越明显。我国的研究者应该对这一趋势给予足够的重视。

综上所述，教育心理学和心理科学内的发展心理学、普通心理学、课程与教学论以及教育科学内的教育技术学等的联系都十分紧密，伴随该类学科交叉的不断深化，国内外的学术界形成了一个新的复合性研究范畴，即学习科学，其基本研究方向为怎样在生命的总体历程中对学习活动进行促进及支持，经由社会法规、技术以及教学等方面对优化教育起到促进作用。学习科学是一个交叉性的新兴研究领域，能够整合教育技术学内有关怎样形成发展体系对学习进行支持的研究，课程和教学论中有关教学过程以及教材组织的研究，以及对心理学（包括认知神经科学）中有关学习及认知的心理历程的研究，并且复合知识论、文化人类学及社会学等其他有关学科的观点，对学习行为的规划形式、社会环境及认知经历进行全方位的研究。

第二节　教育心理学的研究对象与内容

一、教育心理学的研究对象

教育心理学是研究教育教学情境中学与教的基本心理规律的科学。它是应用心理学的一种，是心理学与教育学的交叉学科。但是，这并不意味着教育心理学是一般心理学原理在教育中的应用，相反，它有自己的独特研究课题，那就是学的过程、教的过程以及学与教之间的相互作用的心理过程。具体而言，教育心理学的研究对象主要包括：

（1）学习心理。在基本学习理论的基础上，教育心理学家研究具体侧面或领域的学习心理。这既包括学习的动机及其激发，也包括学习的策略及其培养；既包括各类知识和认知策略的学习，也包括动作技能以及态度、品德和价值观的学习；既包括学校中学生的学习，也包括各种非正规教育环境（如博物馆、工作环境等）中的学习。

（2）教学心理。基于实际的学习心理与基础的学习概论，教育心理学深化研究怎样落实及规划良好的教学，以对学习人员的学习起到促进作用。教学实际问题存在很多方面，如技术工具的使用、教学目标的表述和分析、课堂活动的管理、教学方法的采用和教学过程的规划、教学测评以及学习情境规划等。

（3）学生心理和教师心理。教师与学生作为两大教学行为主体，教育心理学分别研究了这二者的心理，涵盖了教师的专业发展及品质，学生的因材施教和个别差异，学生的教育和发展心理经过（涵盖社会性发展及认知性发展）之间存在的关联。

二、教育心理学研究的内容

（一）五大要素

（1）学生。学生是学习的主体，任何教学手段必须通过学生而起作用。

（2）教师。教师是教学组织的主要负责人，在教学中起关键作用。

（3）教学内容。教学内容是学与教的过程中有意传递的主要信息部分，一般表现为课程、教材、教学目标等。

（4）教学媒体。教学媒体是教学内容的载体、教学内容的表现形式、师生之间传递信息的工具，如口头语言、板书、图像等。

（5）教学环境。教学环境包括物质环境、社会环境。物质环境有教学设施（如桌椅、黑板）、空间布置（如座位）、自然条件（如温度、照明）；社会环境有课堂纪律、课堂气氛、师生关系等。

（二）三个过程

（1）学习过程。学生在教学情境中通过与教师、同学以及教学信息的相互作用获得知识、技能和态度的过程，是教育心理学研究的核心内容。

（2）教学过程。教师设计教学情境，组织教学活动，与学生进行信息交流。

（3）评价/反思过程。教学前对教学设计效果的预测与评价；教学中对教学过程的监视和分析；教学后对学生的学习效果进行测量和评价，并进行反思，以便改进教学。

第三节　教育心理学的起源与发展概述

一、教育心理学的起源

提出教育心理学化的人是克斯坦罗琦。捷克的夸美纽斯第一次明确提出教育必须遵循自然的思想。瑞士的裴斯泰洛奇提出“教育心理学化”。德国的赫尔巴特第一次明确提出把教学的研究建立在心理学等学科基础上。

1867年，俄国著名教育家乌申斯基出版了《教育人类学》(此书的中译本为《人是教育的对象》，科学出版社1959年版）一书。1877年，俄罗斯教育家兼心理学家卡普杰列夫出版的《教育心理学》一书，是最早正式以“教育心理学”命名的著作。1903年，桑代克出版的《教育心理学》一书，标志着教育心理学成为一门独立的学科，这是近代教育心理学的真正开端。1913年，这一著作扩充为三大卷，内容包括人的本性、学习心理学、个别差异及其原因。他提出的效果律、准备律、练习律学习三大定律及个别差异理论，成为20世纪20年代教育心理学研究的重要课题。

20世纪20年代以后，教育心理学汲取了儿童心理学和心理测量方面的研究成果。20世纪30年代以后，学科心理学发展很快，也成了教育心理学的组成部分。20世纪40年代，弗洛伊德的理论广为流传，有关儿童的个性和社会适应以及生理卫生问题也进入了教育心理学的研究领域。20世纪50年代，程序教学和机器教学兴起，同时信息论的思想为许多心理学家所接受，这些成果也影响和改变了教育心理学的内容。

在美国，学习理论成为这一时期的主要研究领域。20世纪20年代以后，行为主义在动物和人学习的研究上，取得了重要的成果。杜威则以实用主义的“从做中学”为信条，对教学实践活动进行改革，对教育产生了深远的影响。

在苏联，维果斯基强调教育与教学在儿童发展中的主导作用，并提出了“文化发展论”和“内化论”。苏联教育心学家重视结合教学与教育实际进行综合性的研究，学科心理学获得了大量的成果。

在中国，第一本教育心理学著作是于1908年由房东岳译、日本小原又一著的《教育实用心理学》。1924年，廖世承编写了我国第一本《教育心理学》教科书。一些学者进行了一定的科学研究，但研究问题的方法和观点大都模仿西方的，并没有自己的理论体系。

二、成熟与完善阶段（20世纪60年代至今）

20世纪60年代初，美国教育心理学家布鲁纳等人重视教育心理学理论与教育教学实际结合，强调为学校教育服务，发起了课程改革运动。人本主义心理学家罗杰斯也提出了以学生为中心的主张。随着信息技术特别是计算机技术的发展，美国教育心理学家围绕着计算机辅助教学的条件和效果，进行了大量的研究。20世纪80年代以后，多媒体计算机问世，使计算机辅助教学达到了一个新的水平。

苏联教育心理学家则注重教育心理学与发展心理学相结合的研究。其中，最有代表性的是赞可夫的“教学与发展”的研究，它推动了苏联的学制与课程改革。以巴甫洛夫的经典条件反射理论为基础的学习理论也得到了进一步的发展。此外，列昂节夫和加里培林等也提出了学习活动理论。

20世纪50年代，巴甫洛夫学说传入中国以后，不仅影响了心理学的基本理论，也影响了教育心理学。他的两种信号系统学说，给教育心理学提供了新的理论根据，也给教育心理学找到了与自然科学相联系的纽带。第二信号系统学说的提出，使儿童言语与思维的问题成为教育心理学研究的主要对象。20世纪60年代，我国的教育心理学受到冲击，其研究曾一度中断。20世纪70年代末期，我国教育心理学重新繁荣。教育心理学家们自主编写了多本教材，同时，许多专家、学者结合我国教育实际开展了大量的实验研究，其中有些研究的规模、水平已接近国际先进水平。为适应教育不断发展的需要，教育心理学的任务不断增加，其研究对象的范围也逐步扩大。随着生物学、人类学、社会学、医学及精神病学的发展，教育心理学也不断发展、不断更新内容，以适应社会发展的要求，其研究有着十分广阔的前景。

第四节　教育心理学的其他类型研究与研究方法

长期以来，教育心理学的研究方法主要是沿用心理学领域的通用研究方法。但近年来，此领域中的研究者开始针对研究课题的特殊性尝试采用新的研究思路和方法。下面对主要的研究方法做简要介绍。

一、教育心理学的其他类型研究

（一）量化研究与质性研究

量化研究（Quantitative Research）与质性研究（Qualitative Research）是当前社会科学研究中的两种基本范式，在教育心理学的研究中得到了广泛的应用。

量化研究，即量的研究或定量研究，它主要在于分析及测量物体中包含的能够量化的特点，来对研究人员假设的理论进行检验。它存在完整的一套操作方法，如数据统计法、抽样法及资料收集法（包括实验法、问卷法等）等。量化研究首先要做的便是假设，其次进行抽样，随后通过实验或问卷的方式收集资料，最后再经由统计检验得到最终结果。研究人员首先要对研究问题进行分析，明确问题中的主要变量，如学习效果、认知加工方法、原有知识水平等，假设出变量间存在的关系，随后以概率抽样的手段对研究样本进行选择，运用有效、可靠的程序及工具进行数据的采集，从而经由信息的统计分析对变量的假设关系进行检验。

质性研究又称“质的研究”“定性研究”。在这种研究中，研究者参与到自然情境之中，而非人工控制的实验环境，选择实物分析、访谈及观察等各种方式进行资料收集，以整体性的眼光来探究收集到的社会现象，以选择归纳的方式来对资料进行分析及生成理论，经由和研究对象的具体交往来对其活动进行解释。通常，这种研究的工具是研究者本身，不用任何测量工具。

质性研究和量化研究不同，不会利用具体信息的收集来对既存的理论假设进行检验，而是选择一种从下至上的思维，从初始资料内整理出经验总结，找到当中的核心层面，在经验信息内生成理论。定性方法着重以被研究人员的视角来让他们的体验、看法及做法得到实际的反映，着重事物的情境性及整体性，着重伴随资料的积累，动态地对收集资料与问题研究方式进行调整。值得注意的是，质性研究并不是理论思辨、个人见解或经验总结。质性研究和量化研究都坚守实证主义的立场，都强调以“事实资料”为基础。

（二）教育行动研究

行动研究（Action Research）最早是由美国心理学家勒温为了解决社会科学研究与实际生活严重分离的问题而提出来的。顾名思义，行动研究就是行动和研究双重活动合二为一。教育行动研究（Educational Action Research）则是由教育情境中的参与者所采用的一种自我反思式的探究，以此提高参与者对实践的理解并促进自身的教育实践。

教育行动研究不是一种严格的研究方法，只是一种研究取向。这种研究取向并不过于强调研究过程中控制的严格性和研究计划的严密性，允许在实际工作中对研究方案进行不断修改和完善。这种研究取向具有四个特点：①为行动而研究。研究者基于实际工作的需要，将实际问题发展为研究课题，目的在于更好地解决问题、提高行动质量。②对行动进行研究。研究者将研究过程与行动过程相结合，将解决问题的方法作为变量在全程研究中逐个加以检验。③在行动中研究。行动者参与研究，研究者参与实践，两者在研究和工作中相互协作，缩短理论与实践活动、研究成果与实际应用之间的距离。④在动态情境下进行研究。在动态情境下或在较短时间内显示其在实际工作中的作用和效能，根据情境反馈而动态地调整研究和行动。

行动研究的过程在整体上存在一定的结构框架。一般认为，行动研究是一个由计划、行动、观察和反思四个相互联系的环节组成的螺旋上升的发展过程。图 1-1 展示了一位教师为了在课堂上培养学生的探究习惯和能力，是如何采用行动研究的循环过程来改进课堂教学的。

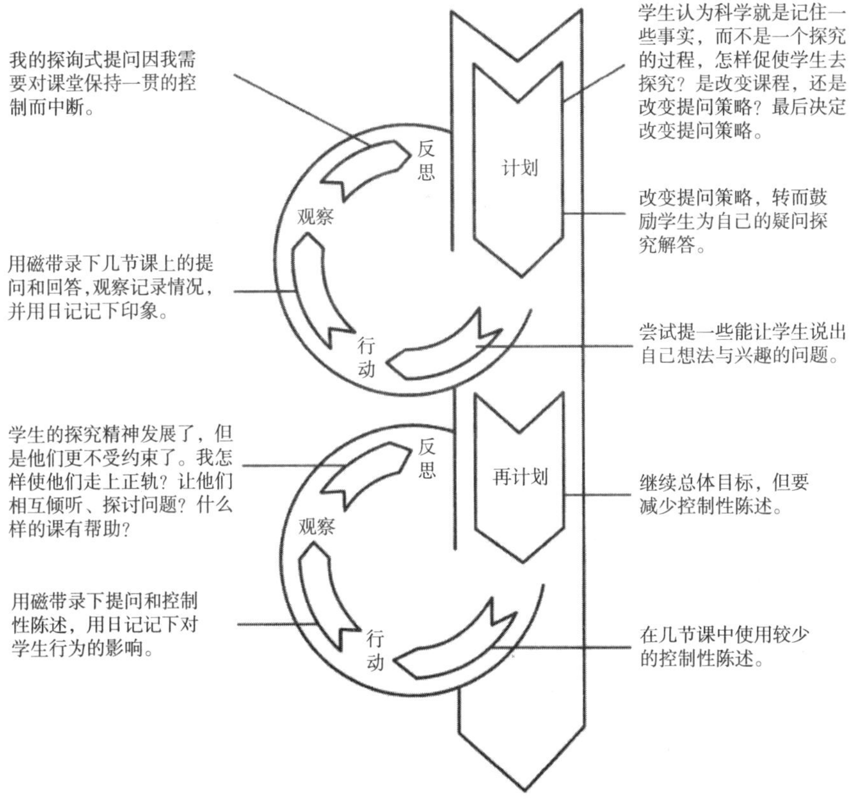

图 1-1　行动研究的螺旋上升过程

（三）设计型研究

量化研究和质性研究的方法对于教育心理学的研究都具有重要的意义，但这两种研究方法和思路的基本目的都是描述和解释学习和教育领域中的客观现象、基本关系或基本规律，而非直接着眼于改进人的学习和教育。因此，针对学习和教学研究的目的和特点，研究者探索出了另外一种研究思路和方法，即设计型研究（design research，或 design-based research，或 design experiment）。

1. 设计型研究概述

著名认知科学家、诺贝尔经济学奖获得者西蒙（Simon）曾区分了自然科学（natural sciences）和人工科学（sciences of the artificial）。前者以发现和描述客观世界的规律为目的，也可以称其为分析科学，而后者以提出完善的“设计”方案为目的，也可以称其为设计科学。在现代社会中，设计科学所进行的“发明”工作在促进持续性创新上发挥了非常重要作用，如建筑、工程、计算机科学、医药。教育研究在很大程度上也属于设计科学的层次。然而，以往的研究方法基本都以揭示和描述客观的教育现象和规律为目的，未能在“设计”问题上做深入有效的研究。这种研究的成果难以支持持续的教育创新。因此，在20世纪90年代，一些研究者（Brown，Collins）重新反思了教育研究的定位、思路和方法问题，提出了“设计型研究”或“设计型实验”的概念。

设计型研究旨在通过形成性研究过程来检验和改进基于有关原理和先期研究而得出的教育设计。设计型研究采用了“逐步改进”的研究方法，把最初的设计付诸实施，看其效果如何，根据来自实践的反馈不断改进，直至排除所有缺陷，形成一种更为可靠而有效的设计。设计型研究的目的不只是改进实践，它承担着改进实践和完善理论的双重使命。设计型研究需要在现实的学习情境（如学校）中进行，其中会涉及很多无法控制的因素。在研究过程中研究者并不努力控制各种干扰变量，而是在自然情境中考察设计方案中的各个要素的实施状况，尽量使设计最优化。

2. 设计型研究的过程

设计型研究常常不是一个研究者所能完成的，而是需要一个团队来共同完成，下面就参考一些研究者的观点，对一个团队完成设计型研究的过程进行分析。

（1）设计的实施。每种教育设计都是独特的，因此，研究者必须要明确教育设计的关键要素及其组合方式。为了评价设计的实施情况，研究者需要透过各个具体事例分析这些关键要素及其相互作用，而这些关键要素常常体现为设计的具体原则。根据设计者的意图，有些要素会在一定程度上得以实施，有些要素可能会被调整改变以适应具体的情境，而有些要素可能根本就没有实施。研究者需要做的是明确地记录和描述每种设计的实施情况，说明各个关键要素的实施情况，以及这些设计要素整体上能否达到设计者所期望的目标。

（2）在实施进程中修改设计。设计型研究的一个目标是在实践中改进设计。在试验过程中，研究者可能会发现教育设计中的某些要素无法奏效，这时，非常重要的是要分析它为什么无法奏效，并采取措施进行相应的改进。通过这种方式，研究者可以搜集大量的信息，包括有哪些失败之处、对设计做了什么样的修改以及修改后的设计是否成功等。在研究报告中，研究者一定要清楚地说明教育设计的详细信息、实施过程中的失败、改进以及试验的整体结果等。研究者要明确每个阶段的设计的关键要素以及过渡到下一个阶段的原因和目的。每个阶段都要根据研究者关注的问题搜集相关的数据资料，如在各个实施阶段可以进行阶段性的学习测评，再前后进行比较。为了搜集这些数据资料，研究者可以采用如前所述的各种研究方法。通过研究者报告的教育设计的发展过程，评价者可以评价教育设计决策的可行性以及研究结论的价值。

（3）从多个侧面分析评价一项教育设计。有效的教育设计包括多个层面的特征，因此在分析和评价一种设计方案的有效性时，研究者至少应该考虑以下层面的问题：①认知层面。考虑学习者在参与此活动之前的知识理解状况，以及他们的知识技能在整个活动过程中发生了什么变化。研究者通常让学习者以言语符号或形象的方式表达自己的想法，分析其是否清楚、是否抓住了重要的关系。②人际互动层面。考虑教师和学生是如何进行人际互动的。比如，他们之间是否进行了知识的共享，是否进行了密切的合作互动，是否相互尊重和相互帮助，等等。研究者通常采用人种志的研究方法来观察这种人际互动。③群体层面。考虑学习共同体（如一个班级）的参与结构、群体特性和权力关系。比如，每个人是否都积极参与了，是否对群体的目标和身份特性有明确的意识，谁在控制和主导群体的活动，等等。这一层面的问题也常常需要借助人种志的（ethnographic）方法来考察。④资源层面。考虑学习者可以使用的资源及其易用性和可理解性。比如，这些资源是否很容易获取，是否很好地融入活动之中，等等。⑤机构或学校层面。考虑整个机构给设计方案的实施提供的支持以及与外界相关部门的沟通交流。比如，家长是否对教育设计方案满意，管理者是否提供了有力的支持，微观政策对设计的实施有什么影响，等等。⑥设计方案层面。设计型研究的核心问题是分析学习环境的各种关键设计要素的作用以及学习者和教师对这些要素的使用情况。比如，这种设计方案是否能够有效地组织学生的活动，学习者与这些设计要素的交互活动是否产生了预期的学习结果。以上这些层面的问题在很大程度上是相互交织的，对这些层面问题的分析需要多种经验背景的人进行，如教师、管理者、心理学家、人类学家、媒体设计人员等。

（4）确定因变量。一项教育创新的成败不能只参考学生的考试成绩，还应该参考各种不同的评价尺度。比如，研究者离开之后这项设计方案能否持续实施，设计方案在多大程度上关注高水平思维能力而非机械学习，对学生的态度有什么影响，等等。不同的因变量需要不同的评价方法，包括标准化的前后测、问卷调查、访谈、观察等，各种量化的、质性的评价方法都可以成为设计型研究中的有机组成部分。至少要评价三个方面的因变量：①气氛变量。学习者的参与度、合作性、冒险精神、主动控制性等都是气氛变量。对于这类变量的评价通常需要采用观察法，或者做现场观察记录，或者对活动进行录像，而后由两个以上的评价者按照评价标准进行系统而客观的编码分析。②学习变量。知识内容、技能、情感态度、元认知策略、学习策略等都是学习变量。这类变量的评价需要采用前后测的方法，可能要借助一定的心理测量工具。③系统变量。可持续性、可推广性、可扩展性、成本、是否易于采用等都是系统变量。这类变量的评价可以采用访谈和问卷调查的方法，即针对上述问题设计问卷或者访谈提纲，对学生、教师、管理者等进行调查和访谈。

（5）确定自变量。很多的因素都可能会影响设计方案的实施效果，究竟应该对实施情境中的哪些因素给予关注？影响一项设计方案实施成效的变量主要包括以下六个：①设计方案的实施情境。比如，家、学校、工作场所、博物馆等。一种创新方案的适用范围只有通过在多种情境中检验才能确定。②学习者特征。比如，年龄、能力水平、社会经济状况、出勤率、留级率等。有些方案可能适用于后进生，有些可能适用于能力强的学生，因此，必须明确一种设计对何种类型的学生会有什么不同的影响。③实施过程中所需要的资源和支持。包括教学资料、技术支持、管理部门的支持、家长的支持配合等。④教师发展。教育设计的成功实施常常需要对教师和相关人员进行各种培训，包括设计方案讨论会、培训课程、课例录像、专家指导、同伴互评和反思等。⑤费用。研究者应该记录实施过程中的各种经费开支，包括设备费、资料费、服务费、培训费、补偿费（如对教师的补贴）等。⑥实施路线。实施路线指实施教育设计的过程和具体方案，包括引进和实施方案的环节步骤、时间投入、效果的持久性等。以上各项自变量和前面提到的各种因变量之间存在复杂的相互作用关系，哪些变量是自变量，哪些是因变量，取决于研究者的关注点。

（6）报告研究结果。实验报告型文章的撰写已经形成了一定的结构规范，包括问题的背景、实验方法、结果和讨论等部分。设计型研究的结果报告方式与此有所不同，通常需要报告以下内容：①设计的目标与要素。要以足够具体的方式明确说明设计的关键要素、要素的组织方式，设计的要素可能包括有关材料、活动、设计原则等。此外，还要说明该设计预期达到的目标以及各种要素与目标的联系。②实施环境。具体说明在何种环境条件下实施了设计方案，包括前面在自变量部分所列出的各方面的信息。如果在多种环境下对该设计进行了实施，那就要详细说明不同环境的差异。③对每个实施阶段的描述。在每个实施环境中，所考察的教育设计都可能经过了一系列的改进过程，因此有必要说明每种环境条件下的每个实施阶段的基本情况，以及为什么要从一个阶段过渡到另一个阶段，其中做了什么样的调整、出于何种考虑。这样可以让读者清楚地了解设计方案的再设计过程。④发现的结果。针对每种环境下的各个实施阶段，报告对各种因变量的测评分析结果，类似于量化研究和质性研究中的报告方式，这样可以让读者看到各个阶段实施效果的剖面图。⑤经验教训。对各种实施环境和实施环节中所发生的情况做通盘考虑，分析它们之间的相同点和不同点，对设计方案的有效性和适用性问题进行分析。在分析设计方案的实施过程和效果时，研究者既要报告设计方案的成功之处，也要说明其局限之处。

教育设计是一个整体性的系统，对教育设计的评价是一个持续的过程，需要随着设计的调整改进而改变评价的方式。设计型研究的过程主要采用了形成性评价的策略，但这些形成性评价的结果和原则可以为总结性评价提供有价值的信息。就像对于某种产品所实施的消费者调查那样，对于一项教育创新设计需要采用定性和定量的评价方法以及比较分析的方法进行全面、客观的整体评价。设计型研究试图在真实的实践情境（如学校或校区的教师队伍、管理政策、学校文化等）之中，对教育设计进行形成性评价和持续性完善，从而实现可持续、可推广的教育创新。

二、教育心理学的研究方法

下面对几种常用的研究方法进行简要介绍。

（一）问卷法

问卷法是研究人员经由严谨规划的、统一的问卷来对研究对象的行为资料及相关心理进行收集的一种研究方法。研究人员应当依据研究的问题及任务，明确问卷的整体架构，随后对不同部分的问卷问题进行编写，并适当地对不同问题开展详细地评价及分析。研究人员往往要试用及修改问卷。在问卷的发放过程中，研究人员应选择个别或者集体的发送方式，应尽可能地确保问卷回收率。问卷法适用于大范围的检测，能节省人力及时间，并且便于统计与分析。但问卷法的灵活性不足，且无法进行深入研究。

（二）实验法

实验法指的是生成某一情境，操控某些变量来对心理现象及教育的发展规律及原因进行揭示的研究方法。实验研究既可以是在现实环境中开展的自然研究，也可以是在实验室环境中开展的实验室研究。在实验研究的开展过程中，应确定实验包含的变量，如自变量、因变量及无关变量等。

自变量是指可以影响个体的心理、行为表现的因素，比如教学方法、学习情境或者学习者的某些个人特征等；因变量则是用以反映个体心理行为特征的变量（指标），比如学习成绩等。实验研究就是要考察自变量对因变量的影响。但是，因变量的变化往往不只受所研究的自变量的影响，还会受其他的众多变量的影响，这些可能干扰因变量结果的其他变量就是无关变量。在研究中，必须采取一定的方法、程序来消除或控制各种无关变量的干扰。比如，在研究“小组合作对学生学习成绩的影响”时，自变量是学习方式（小组合作与个别学习），因变量是学生的学习成绩，为此，研究者让一部分学生进行小组合作学习，让另一部分学生进行个别学习，最后检验他们的学习成绩的差异。同时，在这一研究中，研究者必须考虑两部分学生原有的学业水平、教师的教学水平和方式、学习时间等无关变量。研究者必须保证两部分学生在这些变量上的对等。

实验研究能够经由操控变量来深度剖析变量之间存在的因果关系，这便是实验法的优势。然而，实验研究通常要人为处理实验的情境，这会对研究成果的推广产生妨碍作用。此外，研究人员通常也难以有效地对无关变量进行控制。

（三）观察法

观察法指的是研究人员经由直接感受与依靠相应的科学器具，在有限时间内有规划、有目的地对客观对象的表现进行记录及描述，并以此对研究资料进行收集的一种方法。研究人员能够经过对不同环境下教师及学生的活动表现进行仔细记录及观察，来对其心理过程及特征进行了解，对师生的往来模式进行分析。比如，研究者可以对儿童在团体活动中的交往方式进行观察，分析儿童在不同情境下的攻击性行为与亲和行为出现的频率、强度及表现形式。通常，研究人员在研究时处于自然环境下记录，对观察对象的活动完全不进行干预及控制，这便是自然观察。偶尔，研究人员会在故意干预或控制的情况中观察实验对象的行为，这便是实验观察。研究人员在分析记录及观察的成果时，要分类建立一个编码体系，进而统计分析及量化各种不同的行为表现。

在自然的环境下或临近自然的环境下进行观察，可以确保研究成果和实际环境的一致性，让研究所具有的推广性得以提升。但研究者要防止主观意志及感情的干扰，以提高研究的客观性。

（四）访谈法

访谈法是研究者通过与研究对象进行口头交谈来收集相关的心理特征和行为数据资料的一种研究方法。比如，研究者可以通过访谈法来考察父母离异对儿童个性、社会性发展的影响。在这种研究中，访谈者和被访者不断地进行相互作用，访谈者的提问影响着被访者的回答，而被访者的回答也进一步影响着访谈者的提问。在访谈过程中，访谈者首先要取得被访者的信任和配合，要采用恰当的方式来提问，使他们能坦率、真实地表达自己的观念、态度和情感感受。其次，访谈不是聊天，一定要围绕着所研究的问题进行访谈，要编制访谈计划，要对访谈过程进行准确的记录。

访谈法有利于研究者更深入地了解人们的态度、情感、思想观念和主观感受，从而对各种心理和行为进行多方面的分析和研究。在当前的心理与教育的诸多研究领域中，这种方法得到了越来越多的运用。当然，访谈法的有效运用对研究者提出了很高的要求，而研究者要努力保证访谈结果的客观性和准确性。

（五）微观发生法

微观发生法是对学生认知变化的精细信息进行纵向研究的一种方法。它通过集中分析学生认知发展过程中认知变化的关键环节，有效地探讨学生认知变化的具体过程与潜在机制。比如，数学中有诸如“$a+b-b$”的相反数问题，即加上再减去同样的数其结果不变。为了研究 8 岁 4 个月到 9 岁 7 个月的学生如何发现解决这类问题的策略，有研究者进行了微观发生法实验。研究人员每周对学生进行一次测试，共 8 次。每次测试都记录学生解决每个问题所用的时间，并且在学生解决完一个问题后，让其口头报告是如何解决问题的，并对报告内容进行录音，确定学生所使用的策略。从这个实验可以看出，微观发生法实验一般包括三个阶段，先是在前测阶段确定某一任务对被试学生来说是不是新奇的，然后在练习或干预阶段设计不同的条件考查学生发现策略或掌握知识能力的过程，最后在后测阶段确定学生对实验任务的掌握或学习情况。在每个测试阶段可以收集正确率、反应时间、口头报告等资料。如此，通过高密度的观察和反复试验分析就可以获取其认知变化的详细资料。

第五节　教育心理学的“文化”重构

任何学科若想得到生存，就必须要适应不断发展的理论及实践。通过漫长的演变，教育心理学已然发展成熟，逐步取得自身的独立学科地位。人不仅具有动物的特性，还具有动机、认识能力、人格及情感等。所以，在研究人的学习时，不仅要涉及自然学科，如生物学、物理学等，还要涉及人类学，如文化、历史等学科。文化中涵盖了人类社会特性及自然特性，文化与人构成了一个整体，所以有文化倾向的教育心理学，既要注重在社会特性方面人所具有的学习现象，又要注重在自然特性方面人所具有的认知的、行为的学习现象。

教育心理学将教学情境中学生及教师的生活日常作为研究的客体，将文化作为教育心理学的研究角度，才会让我国脱离教育心理学的照搬模式，开创出具有独特民族文化本质的路线。近几年，教育心理学领域对情境认知越来越重视。情境观作为核心的文化心理学理念，其发展意味着个体的、机械传统的学习理论观点逐渐转向社会文化的理念，对“符号加工”“计算”等一直发挥主导作用的认识理念发起了挑战。符号加工观认为智慧和思维与计算机运算符号的形式类似，而批评者认为，在人类学习、思维、发展以及认识方面，虽然符号加工观提出的统一、简约的解释非常有用，但整体来说，“计算”隐喻的优点看起来有些过度宣扬了。他们认为应当将认知的符号加工观替换为情境方式，把认识归纳到一般人的生活实践中。

在教育上，人们认为在某种情况下学习到的知识，能够在别的情况下使用，在这当中存在一种假设，那就是这种转移是行得通的，并且还认为这种知识在离开原有的使用情况后可以得到更好的应用。观察西方国家学校教育发展的历程，身为启蒙组织的来源，学校教育展示的知识都是脱离情境的。传统的教育模式认为知识一旦从具体情境中抽象出来，成为概括性的东西，它就具有了与情境的一致性，反映了具体情境的“本质”，成为可包装的自给自足的实体，然后可以脱离其产生的情境，传递给学习者个人进行内部加工并做出外在的反应，学习的结果也可以自然地迁移到各种真实情境中。杜威在 20 世纪早期便意识到了庞杂社会依赖课堂及学校为青年讲授基础工具及知识的危害性，认为社会越具有繁杂的资源及结构，就对正规教学提出越多的要求。然而伴随正规训练及教学的进步，致使学校教学知识与直接经验间产生了阻隔。知识内涵已从原来和世界彼此影响的形态，变为只需要记住的一种抽象符号，而像这样把学校学习内容与实际生活经验相阻隔的方法是非常有风险的，需要人们特别重视。教育哲学中务必要处理的一个主要问题，便是教育保持在精心规划形式与偶然形式当中、正规形式与非正规形式当中的一种合理平衡。如果工艺性的智慧技能和信息对社区性趋向没有产生任何影响的话，那么平日有活力的经验便难以对增加意义起到促进作用。而学校方面的教育形成的仅仅是学习方面的“专家”。

教育心理学专家瑞兹尼克（Resniek）认为，学习本质上应存在于社会庞杂的环境中，大部分意义的获取都来自环境中。布朗（Brown）、柯林斯（Collins）和杜吉德（Duguid）提出了学与做是统一的观点，主张学习一直是存在于活动内的，并且向来是于活动中获得进步的，换句话说，理解与学习是以实践为主体而形成的。他们认为不应将概念及知识作为独立的实体，而应将它们大致看作一种工具，只有经过使用才理解得透彻。教育心理学家格里诺（Greeno）和穆尔（Moore）更是提出了“情境是一切认知活动的基础”的观点。在这一理论背景下，自 20 世纪 80 年代末开始，人们将研究的视野投向了情境学习理论。

20 世纪的末期，人们对学习理论的推进基本取决于其对环境学习的信念。具有该信念的人深信，在观察学习环境非正规的学习人员时，教育学及心理学方面的专家能收获大量的启迪。人们发现不同年龄阶段的能手及学习人员，在正规教育不进行任何介入与支持的环境下，却可以对其行业中的高级知识及复杂技能进行有效地掌握。

情景学习，又被称为情境认知，指的是学习存在于组建它的环境结构中，知识应用的文化、环境及活动都对其获取产生了重要影响。和过去信息加工形式着重关注学习人员的个体表象符号不同，情景学习的关注点不仅是学习人员自身，还包括学习总体环境，着重关注学习情境和学习人员间的关联。因为个人是已形成情境的构成部分，而情境也同样是人的一部分，所以学习情境和学习人员之间存在着一种彼此影响的关系，学习人员所生活的环境结构及其内部学习活动，是支撑及帮助其完成学习任务的主要因素。情境认知的突出特点是将个体认知置于更大的物理和社会背景以及文化建构的工具和意义中，因此，美国教育心理学家布雷多（Bredo）将情境认知描述为“从聚焦环境中的个人转向个人与环境”。

当前人们的共同看法是，情境理论作为教育心理学所具有的学习理论的变革创新，它的形成对学习及知识的个体性观念发起了挑战。相信情境学习理论的人们认为，人们的知识和计算机代码内的语义网络及程序是不一样的，它是不断变化以适应动态情境的一种能力，也是对行为进行调整及排列的一种能力。

在人们活动与交流时，在人们思索四周出现的事情时，知识都在动态地进行组建，特别是在人们生存的社会文化情境中，产生了人们的言论、行动及思维并对其起到限制作用。所以，如果想要掌握及获取知识，就需要主动地在活动中进行参与。实践和学习不可分割，认识过程中的主体要和活动保持紧密关联，意义的获取需要相应情境的协商，不能脱离知识和实践应用及产生的环境。类似于社会文化建构主义的立场，情境学习着重关注对话及环境的作用。经由非正规及正规的工作、学徒制、游戏、共同体等学习情境，学习人员通晓了相关技能及知识，并和该情境内的其余人员一起享受学习成果，进而产生了学习统一体，并搭建了一个繁杂的知识技能专业库。在面对有意义的实际生活难题时，学习统一体便会使用专业库一同进行处理。

整体而言，情景学习法和符号加工法二者之间存在范式性的不同。通常，传统的符号加工研究基本关注那些专业性的或学术性的任务，如疾病诊断、逻辑推演、机械故障检测、密码算法、科学探究、下棋等。尽管这一传统的研究已逐渐从“玩具”问题发展为更为复杂和重要的问题，但任务仍是那些认知性的。而情境认知的研究则集中于那些日常活动中产生的问题，如杂货店店主所使用的价格比较方法、裁缝通过学徒制学习裁剪缝纫的方式等。总之，问题的划分无法脱离活动自身所具有的困难，物质特性以及社会的共同作用既对问题进行了划分，又形成了问题的处理方式。

符号加工转变向环境认知的过程，包含的意义不仅是让人们的研究方向从计算机向社会文化活动中的人进行转变，实际上也展示了二元论转向交往论的一种哲学观转变。

一般情况下，心智被认为存在于大脑中，随后大脑内的符号再仿照外界的物体。但立足于环境而言，心智是情境和人彼此影响的一面。杜威作为教育心理学创立之初的一个重要代表，为这种从二元论到交往论的转变作出了贡献。杜威将活动视为人与环境交互作用的过程，二者互相改变着对方。杜威认为，它们以互惠的方式改变着人与环境的性质或结构，创建了共同发展的一个历史。伴随情境观的产生及发展，教育心理学内存在的各方面主要理念，涵盖学习、思维、发展及认识等，都应当再度修正完善，应当将过去它所具有的二元论、静态的描述更改为一种强调文化与关系的术语。

主要的情境学习观点源于文化人类学与教育心理学两个范畴。基于教育心理学的情境认知理论的倡导者主要来自认知科学领域，包括柯林斯（Collins）、布朗（Brown）、纽曼（Newman）和克兰西（Clancey）等。这些理论家的研究聚焦于学校学习，认为传统的教学系统设计将学习置于一种学生间相互竞争并且仅有一个信息源（教师）的学习环境中，所教授的知识是已定义好的、独立的抽象概念，这种情境不是一个可以迁移到教育系统之外许多境遇中的情境，因此大大限制了教学的有效性。所以，要把当下的教学环境从课堂式向情境化转变，面对学习的指定目标，将学习内涵规划进学习的实际活动中，进而使学科的教学行为（一般为科学或数学方面的学习）得到支持，使学生经由协作，一同参与到处理实际问题等实践中，以此开展效力更高的学习。用彼得·圣吉（Peter Senge）的话说，我们重点要做的是建立“练习场馆”，使学校中的学生都能够有机会参与和练习解决他们将在校外遇见的问题。若要学生学习日常生活实践中的经验，那就必须给他们参与实践的机会。为此，教育心理学家、技术学家乔纳森（Jonathan）将这一派的情境认知界定为当学生在完成反映真实世界的真实任务时所发生的事件。该观点的学者着重关注将实际的活动环境和所学到的教学知识相关联。

由柯林斯、布朗和纽曼（Newman）等人在 1989 年首先提出的“认知学徒”教学模式，就是情境认知理论在课堂教学中的具体应用。认知学徒制仿照手工艺师传统的授徒形式，尝试利用社会交际活动让学生适应具体的实践存在的文化。该方式着重关注学习情境所包含的真实特性，认为规划学习环境需要经由在某一环境中操控及使用认知手段来对信息进行加工，从而培养实际生活中所需使用的能力。这样的环境必须同时具有情感与认知这两个迁移环境特点。由于学习的实际环境看重具体生活中任务所具有的复杂性及综合性，且只有具备这两个特性的任务才可以真实反映在实际生活中，处理时能让学生感到满足且存在内涵的难题，因此布朗等人主张为学生搭建一种临时性的、能调适的支持性教学架构，提供学习方面的“脚手架”，并经由合作方式的社会交际，让学生在指导中达到要求，使其成功穿过自身的最近发展区。此外，在认知学徒式的学习环境中，尤为强调给予学生对认知过程能够进行清晰、明确的表达和反思的机会，因为反思对于元认知策略的习得、培养学生问题解决等高级学习能力是十分必要的。

布朗等人指出，如果将学徒制方法应用于学习者思考和解决问题等认知能力的培养；如果将学徒制方法中的核心技术（示范、训练、搭建脚手架等）置于功能强大的计算机之中，那么这种新的认知学徒制将在实现理论与实践相结合；在改造传统学校的物质设施、组织形式、教学方法、评价标准等方面；在消融传统学校与社会各行各业的界限方面，掀起一场真正意义上的学习与教育的革命。

通过人类学对环境学习的研究，人类学专家把维果茨基所提出的社会文化概论、人类学中包含的批判概念及研究方式、杜威所提出的实用主义概论三者进行结合，极为推崇维果茨基的社会历史学派所主张的，文化是通过代际间的交往活动而自我生成的观点，认为学习是情境性的，通常离不开学习活动所发生的情境和文化。该阵营的理论家格外关注共同体内个体全面素质的建构，而不仅仅是局限于知识和理解的形成。基于此种理论的学习环境设计所注重的不是内容或意义的情境化，而是强调学习者共同体及其对学习的意义。这就将关注的重点由个体参与的学习环境转移到共同体参与的环境，也导致将学习的重点从技能和理解的获得，转移到既要促进其知识和技能的学习，又要发展学习者作为共同体成员的身份上，并且认为后者给前者以动机、榜样和意义。

人类学中的情境认知论主张以下四点：其一，认识是人主动参与自身环境的成果；其二，人是处于社会实践中的人；其三，意义是最终的学习任务；其四，知识是形成共同体及文化有意义的过程及产品的技能。在学者看来，学习是一种现实生活中的、经验的社会形态。作为一名新手，学习者通过与一个社会文化实践共同体中其他成员的交往，通过直接参与共同体中的实践活动，逐渐地掌握了该共同体的文化。在这一学习过程中，学习者是在专家的身边边学边完成的，不仅逐渐适应了该共同体的文化，还发展了其自身同一性。

若采纳人类学的看法，就能察觉到，学校的学习不仅会形成僵滞的知识，还会形成其他恶性后果。换句话说，若是意识到同一性身份与意义的形成源于和世界的交往，那么交往便是教育的主要目标，而学校教育要能对学生的群体及个体方面的主体性进行生成及组合。然而，当下的学校教育往往把技能与知识当作抽象性的、能传递的实质物体，简化及分解学习中的知识与活动，随后再让学习由局部趋向总体，进而降低了产生共同体的概率，学校方面也很少提供具体实践活动，且绝大多数都是带有限制性的。所以通常情况下，学生所具有的同一性身份十分有限。

实际上，教育过程的重点就是在团体性的活动实践中进行参与。基于此建立的教学规则需要形成集体学习的一个情境，使每位学生在这种日常实践的集体活动中进行参与，在和这一共同体内含有的文化以及其中的成员的互动交往中，在参与过程中，感受到零星的成功所带来的喜悦。所以在教学的设计过程中，教师不但要重视把意义及内容做情境化处理，而且要重视共同体总体的演变，以及共同体内“完整人”的形成。

总之，学校教育的一个根本社会作用便是培育学生的能动性，促进学生向社会化发展，也就是不仅要让学生增长见识，掌握相关技能知识，更主要的是要培养学生良好的人格。所以，教育心理学正在向意义以及意义环境下人的学习研究方向转变，这对养成文化的、完整的人而言是十分重要的。

第二章　心理发展基本理论

第一节　皮亚杰认知发展理论

一、认知发展阶段理论

在研究儿童心理的发展过程、发生的基础上，皮亚杰（Piaget）展开了对认识的发展过程、发生的研究。皮亚杰认为人的认知发展过程和儿童智力的发展过程十分相似，研究儿童智力的发展过程可以加深人们对认知发展过程的了解。皮亚杰根据儿童运算能力，把儿童的认知发展分成了下面四个阶段：第一个阶段是感知运动阶段；第二个阶段是前运算阶段；第三个阶段是具体运算阶段；第四个阶段是形式运算阶段。

（一）感知运动阶段

处在感知运动阶段的儿童，他们的智力还在不断发展，其智力并不健全。这个阶段的儿童完全把自我当作中心，主要根据自己活动造成的结果，对客观世界产生认知。

尽管儿童在感知运动阶段的认知还在萌芽阶段，不过，随着儿童的不断活动，他们的认知能力也在慢慢发生着变化，最初他们会根据反射，形成对客观事物的原始本能反应，之后便会逐渐形成习惯性动作。在外界的影响下，儿童的一部分动作会变成习惯性动作，随着刺激的出现，儿童还会出现本能反应，这个时候的儿童，会对外界慢慢形成知觉感。知觉感的出现，会让儿童的动作变成有目的性的自然反应。如果他们产生了有目的性的动作，那么儿童就不仅会受到客体的影响，还会慢慢对外部世界产生影响。

动作目的和早期习惯性动作的差异，随着儿童智力的不断发展，也变得愈发明显。儿童的无目的性动作变得越来越少，而目的性动作变得越来越多，这也表明儿童在认知过程中，具有认知主动性。动作目的和主体动作之间的协调，代表着儿童认知能力得到了相应的提高，这证明了主体认知图式变得越来越完善了。儿童认知能力的不断提升，在感知运动阶段主要体现在主体逐渐意识到外部事物的存在，主体不会对外部事物造成影响。随着儿童对这个观念的加深，他们会慢慢形成永久性主体认知图式。这个时候，儿童的因果性认知思维慢慢出现了。

（二）前运算阶段

儿童在前运算阶段的智力已取得了很大的进步。在感知运动阶段，儿童是根据遗传图式、反射活动来了解外部事物的，尽管这一阶段的认知活动在不断发展，但这一阶段还是和前运算阶段有很大的差距。在前运算阶段，儿童增强了主体对物质的永久性认识。这个阶段儿童不仅动作的目的性变得更强了，他们还能用符号来体现自己的想法，在他们的脑海中，符号也开始慢慢替代外部事物。随着这个过程的深化，儿童可以根据脑海中的图式，对外部事物展开思维。这个思维的形成，代表着儿童已经产生了表象思维。尽管儿童的表象思维在这个阶段还不是十分完善，但对于感知运动阶段来说，这已迈出了历史性的一步。这种思维模式的形成，体现了主体动作的内化度，内化动作代表的是在抽象思维中主体思想展开的动作。不过，需要注意的是，虽然儿童表象思维的形成，代表的是他们认知水平的提升，但这个阶段的儿童使用的依旧是最简单的符号，这个时期的儿童还没有办法构建起对必然性的普遍和一般认知，更无法形成从一般到个别的抽象型思维。因此，在儿童发展阶段中，儿童表象思维其实是智力朝着更高层次过渡的过程。

总的来说，尽管儿童表象思维的形成象征着他们智力的发展，但在前运算阶段，儿童还没有形成比较具体的运算思维，他们对外部事物的认识具有相对性。这个阶段的儿童，还没有完全脱离以自我为中心的状态，他们缺少一般性认识。前运算阶段也是认知过程中的一个过渡阶段。

（三）具体运算阶段

处在具体运算阶段的儿童，已经具备了运算能力，他们的智力在这个阶段也得到了相应提升。不过，由于这个阶段的主体还要利用具体的事物来处理问题，所以该阶段的运算是具体运算，不是形式运算。但值得肯定的是，这个阶段主体的顺应动作和内化变得越来越完善和频繁，思维也具有了守恒性、可逆性。

皮亚杰十分注重具体运算阶段儿童守恒性思维的形成。因为皮亚杰认为儿童守恒性思维的产生和获得，代表着具体运算到形式运算的发展过程。可逆性思维体现了在认知过程中，儿童具备的能动性。

总而言之，儿童在具体运算阶段，形成了可逆性、守恒性思维。这个阶段的儿童已经可以排序与思考事物的先后顺序，出现时间、长短、大小等概念。这个阶段，进一步解除了儿童以自我为中心的状态，儿童的智力水平得到了提升，他们在这个阶段拥有了比较系统的逻辑思维能力，这也给步入形式运算阶段打下了基础。

（四）形式运算阶段

处在具体运算阶段的儿童，有时还要在具体事物的协助下才能解决问题，这个阶段的儿童还不能熟练地使用语言符号展开准确、抽象的思维运算。而处在形式运算阶段的儿童，已经打破了具体事物的局限，可以使用符号，在脑海中利用抽象思维重新构建事物，还能在思维过程中解决一些问题。这个阶段的儿童不但可以熟练运用语言符号，还能利用脑海中的假设、概念展开演绎推理，并获得对应的答案。这种看起来十分简单的推理过程，其实是时代进步的象征。正是有了这种推理，现如今的逻辑学、自然科学等学科才有机会出现和发展。所以，演绎运算也被认为是评价儿童认知能力水平的一个重要标准。皮亚杰认为，主体唯有具备了假设演绎运算能力，才会拥有研究科学时所需的基本运算能力。

总而言之，皮亚杰根据儿童的成长过程，对儿童的认知发展阶段进行了划分，因为儿童智力的提升会受到许多因素的影响，并且不完全和他们的年龄相对应。因此，一部分儿童的认知能力，和他们的年龄并不对应，这是可以理解和接受的情况。

二、结构理论

在发生认识论中，结构理论十分重要，儿童的认知能力和认识结构的完善性紧密相关，此外，认识的发展会受到结构特点的影响。

（一）结构的概念与特点

对于结构主义的含义，各结构主义派别存在各自不同的看法。就算是同一个作者，也有可能在不一样的场合、时间下，对结构主义的含义产生不同的看法。这就意味着，结构主义还没有一个可以被大家普遍接受的概念。所以，皮亚杰基于不同结构主义派别对结构主义含义的看法，在这些不同的看法中找到了这些观点之间的相同点，然后皮亚杰提出了一个人们更容易接受的定义。

皮亚杰认为，结构其实是由各种类型的转换规律构成的一个整体。该整体主要是以系统的形式存在，而这个系统不是不同元素和其特性的简单集合，它还有一定的规律性。从该定义中，大家可以了解到这种结构具备完整的转换规律，在这些规律的影响下，结构一直维持着守恒。此外，这种结构还具有封闭性，它不需要凭借外力就能实现系统内部的转换。所以，皮亚杰的结构定义主要有整体性、转换性、自我调节性三个特点。

整体性特点。皮亚杰认为，各种结构都有自己的整体性。结构的整体性特点把结构和不依赖整体而由各种元素构成的聚合体进行了区分。尽管结构也是元素组成的，但组成结构的元素全都受制于规定结构的规律，而这部分规律是元素本身没有的。所以，结构的整体性并不是元素特点的单纯集合，结构具备的整体性也没有办法简化为构成元素的特点。在一个结构中，一切元素都要受制于整体性法则。

结构主义中的涌现论、原子论，也提到了对结构整体性的看法。涌现论认为，结构比元素先出现，结构不是各种元素的简单结合，而是在不同元素接触的时候，偶然出现的。原子论认为，一个结构的整体，是各种元素的总和。皮亚杰指出的结构和这两者有着十分明显的不同，主要体现在涌现论的解决方法十分简单，而原子论忽略了一个事实，即整体性不是各种元素特点的简单相加。

皮亚杰提到的结构主义立场，和涌现论、原子论的立场也不相同。

在结构中，他重点强调运算起到的作用。皮亚杰将运算加入结构主义中。该结构主义立场不仅不强迫人们说出很难描述的“整体”，也不要求人们找到结构、元素的先后。这种结构主义立场重视的是元素和元素间的关系，也就是关注元素的构成过程和程序。皮亚杰认为，整体应该是系统规律的构成结构，相比于结果，人们更该重视的是自然过程、逻辑程序。

转换性特点。结构不是一个静止的整体，而是一个一直在发展变化的整体。因为转换，结构不同元素之间整体的守恒才实现了平衡。这就意味着，结构的整体性特点通过转换性获得了更好的体现。

结构一直在发展变化，转换中形成了结构的规律，而这部分规律对结构的形成起着决定性作用。皮亚杰认为，如果说这些整体性的特质是由于他们的组成规律而得来的，那么这些规律从性质上来说就是起造结构作用。正是这种永恒的双重性，即起造结构作用和被构成的特性，首先说明了这个概念获得成功的道理。所以，结构拥有历时性、共时性的双重转换。

自我调节性特点。自我调节性指的是在结构内部进行的转换，它让结构有了封闭性、守恒性。因为自我调节会让系统的转换始终维持在系统内部，而在转换中产生的新元素属于系统本身，它也会遵循转换的规律，所以就形成了结构守恒。因此，不用借助外部事物就能把握结构的转换。因为结构具有守恒性，它的转变一直发生在结构内部，所以，在某种程度上来讲，结构也具有封闭性。

在了解封闭性和守恒性的时候，我们需要注意，因为结构一直在发展变化，它不是静止的，所以，结构的封闭性也应该是相对的。结构的整体性不仅不影响它和其他结构关联，也不影响它成为更大系统中的一部分。所有结构都有机会变成更大系统中的子结构。当某个结构成为更大系统的子系统时，它并未失去自己的整体性，仍然保留着稳定性、守恒性，结构之间只是联盟关系，在联盟中每个子结构都维持着自己的独立性，除此之外，这些子系统还得到了充实、丰富。

因为自我调节体现了结构转换的内在机制、结构的构成，所以，皮亚杰十分重视结构的自我调节。皮亚杰把自我调节分为两种类型：一种是在建构新结构时的自我调节，这个时候本来的结构正在和其他的结构形成联盟，在加入联盟时和加入联盟后，利用自我调节来实现结构在新系统中的稳定、守恒；一种是在原本的结构中进行自我调节，结构在平衡的情况下，利用自我调节来完成稳定、守恒，这个时候是在结构原有界限里进行的自我调节。皮亚杰认为，如果大家用自我调节解释结构产生的原因，那么大家就会摆脱对结构预先构成的假设。

总而言之，一般结构主义者可以接受皮亚杰提出的具有自我调节性、结构整体性、结构转换性特点的结构定义。但在分析皮亚杰提到的结构主义时，笔者觉得它不是一种传统的教义、哲学，更像是一个方法论。

依据这个观点，我们可以发现运算与结构紧密相关。运算其实就是互相组织、协调构成系统，其中包含低级的操纵系统、动作；结构实际上是一种转换关系，它象征着运算的平衡形式、构成规律，这就意味着，结构不是运算依赖的实体，它也不是在运算之前出现的。所以，结构是在运算协调的过程中形成的，结构的基础是运算。整体性结构主义和方法论结构主义的不同，主要体现在下面几个方面：第一，整体性结构主义主要研究与探讨经验范围内、可观察到的关系，其研究方式有一定的局限性；方法论结构主义不仅要研究经验范围里的关系，它的研究还会给经验事实的表层结构，找到深层结构，从而演绎性解释表层结构，这里可以利用数学逻辑模型构建深层结构；第二，结构的转换性是方法论结构主义的重点，他们非常重视结构的形成过程、起源；在整体性结构主义看来，整体是涌现出来、与生俱来的，他们会用整体来解释其他问题的基本含义，不关注结构的形成过程、起源。

皮亚杰提出的结构主义是一种开放性的方法论。依据该观点，我们对结构的研究，不代表我们不研究其他方面。在研究结构主义的时候，会根据相互、互反作用，整合其他方面的研究。结构主义不仅支持进行多方面的研究，研究的方式也十分多样。虽然科学方法具有一定的合理性，不过，结构主义在使用科学方法的时候也不能随意乱用，在运用研究方法的时候，注意一定要恰当、合理。不过，我们也不能因此而停滞不前，结构主义和其他方法相比还很年轻，结构主义要想成长还要处理很多问题、收集很多资料。所以，结构主义和其他科学方法在交流的时候，好处会比坏处多。

皮亚杰结构主义同其他结构主义相比，最显著的特征就是注重主体以及主体活动在结构中所发挥的作用。皮亚杰觉得结构并没有让主体、主体活动消失，皮亚杰的这个观点和其他反对“主体”概念的结构主义并不相同。传统哲学误解了“主体”的概念，其实就是传统哲学会根据某种自然的超验主体来理解主体。在错误观念的指导下，他们在真理方面的研究，超出了物理、时间、空间的可能。因此，皮亚杰把科学范围里的认识论当作了主体，这种主体并不是哲学中的超验主体。除此之外，皮亚杰还指出了个别主体和认识论主体的差别，这种主体注重的不是个别主体间的不同，而是个别主体间的相同认识机制。皮亚杰认为，运算是主体概念的活动形式，也就是基于主体行为的反思抽象，而不是个别主体对象最开始产生的意识。依据皮亚杰的观点来看，这种主体概念的出现，不代表主体的消失。相反，在认识角度来看，皮亚杰认为，主体的活动需要一个去除自我中心化的过程，因为只有这样自我智力才能得到发展。皮亚杰关注的不是寻找主体的外部普遍性，而是强调主体正在利用运算活动，创作各种认知结构。

（二）结构与功能的关系

有两种划分结构的方式：一是功能性结构；二是物质性结构。皮亚杰提到的结构，其实是功能性结构。皮亚杰提到的结构主义有一个特色，就是把结构研究、功能、发生过程巧妙结合起来。皮亚杰认为，结构主义并未排斥研究机能主义、发生学，而且结构主义的分析方法，还对这部分研究有着积极影响。

功能结构不可以在直接的经验观察中被认识，它属于一个动态的系统。根据上文我们可以了解到，主体并不会因为结构而消失，所以，我们要重点关注功能所起到的作用。事实上，结构特点中的自我调节概念已经超出了结构的范围，它应该属于功能概念。由于主体并不会因为结构而消失，因此，主体的发生要是没有结构，就会变得很难理解。由此可知，功能概念并未失去自身的价值。此外，皮亚杰认为，跟自我调节有关的内容都包含着功能。

在皮亚杰理论体系里，功能和结构之间是紧密相关的。结构主体活动及其形成的影响、作用，就是结构主义的功能概念。不过，功能概念有很多种不同的解释。功能在数学里，就是变量里的一组运算，代表了运算的规律。功能在生物学里，主要有三个特点：第一个特点是因为建构作用，机体的构成元素一直在更新；第二个特点是机能方面的守恒性、连续性是在器官、机体产生变化的时候，机能可以维持不变；第三个特点，就是功能代表了不同器官之间存在的相互作用。尽管生物学和数学中的功能有一些区别，但是它们都跟确定的活动概念有关。与数学相比，心理学方面的认识机能和生物学更相似。这是因为它们都涉及和外部环境的相互作用、机体内部的自我调节。

尽管功能和结构有一些联系，但它们之间也存在一些不同。功能和结构的不同，主要体现在当机能产生变化时，结构有可能不会变化，不过，各种结构之间可以具备相同的机能。皮亚杰觉得功能和结构之间的联系，比它们之间的差别更重要。功能和结构之间的相互依存、相互作用的关系，体现了它们之间的联系。结构中包含机能，机构的发展、丰富离不开机能发挥的作用，因此，结构和机能是相辅相成的。皮亚杰在了解了功能和结构的关系之后，根据多年的儿童心理研究经验，创造了发生认识论。皮亚杰在发生认识论中，使用了功能和结构统一的方式。比如，发生认识论中包含了“平衡”“自我调节”“同化”“图式”“顺应”的基本概念，这五个基本概念中就有功能和结构的双重内容。皮亚杰认为，认识的功能和结构间是相互促进、互为前提、相互依赖的关系，顺应与同化会利用图式来体现作用，这个作用会让原本的图式一直进行更新、丰富，要想保持建构过程的平衡，主体就要产生自我调节作用。皮亚杰在研究中发现，儿童心理的每个发展阶段中，都会拓展认知功能、建构新的认知图式。然而，在皮亚杰对功能和结构的关系的分析上，还有一些值得思考的地方。与功能的不变性和稳定性相比，结构是一直在发生、发展、变化着。因此，皮亚杰只停在了强调运算的第一性上，也就是他只停在了强调功能对结构的发生、发展的普遍意义上，这样一来，他对功能进行的分析，就没有对结构的分析细致。这使得一部分人把皮亚杰视为结构主义者，还有一部分人把他视为机能主义者。不过，尽管机能主义对皮亚杰的研究造成了较大的影响，但皮亚杰还是使用了被机能主义者忽略的结构概念，而且皮亚杰也获得了较好的效果。因此，不管是结构主义者，还是机能主义者，用来形容皮亚杰都不太恰当。

从功能、结构结合来研究认识的角度来看，因为系统论不仅强调功能，还强调结构，所以，系统论和皮亚杰的立场更接近。整体来说，皮亚杰在系统论的基础上，不仅用结构主义来丰富、完善了机能主义，还用机能主义完善、丰富了结构主义。

三、建构理论

发生认识论关注的是认识的发生、发展，也就是不断完善认识结构，这个过程其实就是建构的过程。建构过程体现了在认识的发生、发展过程中，结构所具备的特点。

（一）建构的概念

人类认识的起源和本源问题，在西方哲学史上，一直都有争议。因为西方的各种哲学流派忽视了社会实践在认识过程中的基础作用，所以，导致他们没有对这个问题进行合理、科学的解释。尤其是对思维形式的发展与起源问题、理性问题，传统哲学一直都没能给出令人满意的答案。

皮亚杰用自己创造的建构理论，解决了这个问题。皮亚杰在建构理论的基础上，批判了现代西方认识论哲学，因为他们只注重研究认识的有效性倾向。皮亚杰认为，唯有在认识的发生、发展过程中，大家才可以明确认识的价值标准。同时，皮亚杰指出，在传统哲学认识论中，唯理论、经验论，却忽略了实际动作。

建构理论给研究人类知识结构的发展、形成，提供了一个新的视角。皮亚杰立足于儿童的真实心理活动，他研究了智力发生、发展的详细机制。同时，他还强调了认识的建构是通过主客体之间的相互作用实现的。皮亚杰觉得应该从历时性、共时性的角度，来研究人们的认知思维，同时在研究的过程中，还可以把历时性、共时性巧妙结合起来。认识的获得必须用一个将结构主义和建构主义紧密地连接起来的理论来说明，也就是说，每一个架构都是心理发生的结果，而心理发生就是从一个较低级的结构过渡到一个不那么低级的（或较复杂的）结构。

根据皮亚杰的观点，与同化、平衡、顺应有关的图式学说，其实是对建构主义理论的历时性分析，对认识机制的共时性分析。其实，皮亚杰更重视的是对人们智慧的历时性研究。

建构理论是发生认识论的主要思想。皮亚杰就是根据认知的建构，展开了对人们认识发生、发展的研究。建构，其实就是建造结构（图式），具体来说，就是结构一直更新、变化的一个过程。除此之外，建构还是认识发展的一个过程。智力的发展，指的是主体进行自我建构的一个过程，简单来说，智力发展就是认识图式的演化。因此，建构具有两种含义：一是建造图式，也就是建构认识，是认识发生、发展的一个过程，是主体和客体间相互作用；二是认识建构不仅是一种发明，还是一种发现。

建构理论是在主体与客体相互作用的基础上发展起来的。在此前提下，皮亚杰在《儿童智力的起源》中提到了外化和内化的双重建构概念。主体、客体的内外化双重建构和分化，不仅有联系，还有区别；不仅指脑海中的主体、客体概念的分化，还指主体、客体在真实情况中的分化；不仅指客体变化结构和主体真实动作结构的分化，还指客体物理知识与主体头脑逻辑数学结构的分化。上述提到的物理知识，其实指的是主体对客体的认识，逻辑数学结构其实是了解主体的结构。不过，需要注意的是，要是把认识和实践结合起来考虑的话，内化和外化就是上面提到的这两种含义；要是只考虑认识活动的话，它指的就是后者。

皮亚杰认为内化和外化有两种含义：第一种含义，外化指的是主体内部的图式，投射到外部，而内化指的是主体动作结构、主体动作协调，由外部投射到内部；第二种含义，外化指的是客体变化相较于主体内部的外部协调，而内化指相较于外部客体，主体活动的内部协调。因此，第一种指的是不同平面、层次上的外层化和内层化，第二种指的是相同平面、层面上的外部化和内部化。内化建构最开始主要是协调外部感知运动动作，之后才会协调逻辑运算水平的精神动作。内化建构会在新水平上，运用新方法组织图式、动作，建构其实就是动作的一个组织化过程。外化建构和内化建构有一些区别，外化建构最开始要在脑海中整合物理经验，并努力让图式和物理经验结合在一起，从而产生和客体有关物理知识，之后利用这部分知识，组织主体的实际动作，并转变和改造客体。外化建构主要强调的是主体改变、认识的客体，其实就是被主体建构的客体。

（二）建构与平衡的关系

认识的建构过程（其实就是认识的发生和发展）是皮亚杰发生认识论的研究重点。不过，皮亚杰认为平衡是心理、生命具备的特点，且与建构是紧密相关的。所以，在认识的建构过程中，我们一定要重视平衡概念的作用。平衡不仅是过程，还是一种状态，平衡状态也只是平衡过程中的一种结果。建构过程指的是人们的认识变得越来越完善，从而达到平衡的一个过程，因此平衡和建构之间是紧密相关的。

皮亚杰认为，发展的理论必然要求助于平衡概念，因为一切行为都要在内在因素与外在因素之间保持平衡，或者说都要在同化与顺应之间达到平衡，即一切生命动作（包含人们的心理活动）都与主体和客体之间、环境和机体之间的平衡问题有关。不管是主体和客体之间，还是环境和机体之间，实际上都是将现实同化于现有的图式，从而让图式适应现实，达到平衡的状态，而这个其实就是建构的一种过程。

平衡器官是实现平衡的很重要的一点，在心理学、生物学中也都是这样。人的心理平衡器官就是一种调节的机制，包含从最开始的动机调节到情感意志调节、从感知和知觉运动的调节到认识方面的运算。皮亚杰认为心理学方面的平衡具有补偿性、稳定性、主动性等特点。

补偿性特点。皮亚杰认为，外界的干扰是不可能避免的，因此当干扰出现的时候，主体就会主动补偿干扰形成的影响，而随着补偿的发生，就会形成平衡状态。因此皮亚杰认为，这种心理平衡补偿性机制和热力学平衡、简单机械平衡是不同的，这种补偿机制对心理平衡有着根本的意义。

稳定性特点。我们需要清楚平衡具备的稳定性和变动性并不矛盾。皮亚杰认为，平衡既是变动的，又可以是稳定的。在智力领域内，我们很需要这个变动的平衡概念，因为平衡具备的稳定性特点体现了结构发展的趋势，也就是从不稳定向稳定状态的转变。结构有种比较特殊的展现形式，就是平衡。结构在一定的范围里，具有稳定性的特点，但是，只要靠近了该范围的边界，结构的稳定性就会慢慢消失，这个时候，结构为了恢复平衡，就会进行二次建构。

主动性特点。根据平衡的补偿性、平衡性特点，我们可以了解到主体要想得到稳定，就必须进行一定的补偿，这个过程就表现出主体的主动性。由此可见，平衡是建构的过程，而不是被动的过程，它其实是主体的一种自我调节。因此，主体能动性对干扰的补偿程度，就是结构平衡的基础。

皮亚杰用心理学的三个特点，阐述了认识的建构过程（也就是认识的发生和发展过程）。此外，皮亚杰还用实验证明了儿童的认识结构，其实就是利用主体的主动性，把认识结构从不稳定转向稳定的一个过程，且这个过程会形成稳定的结构。皮亚杰认为，当这种平衡的结构一旦具体化以后，就必然把自己强加于主体的心理之上。这种必然性就是标志着这种结构已经构造完成了。

虽然这个时候的结构就像是先验的必然性表现，但事实并非如此，先验的必然性指的是建构过程的结构，它并不是提前形成的。就像皮亚杰提到的它是一个后果而不是前因，所以它仅仅保持着必然性这个概念而放弃了预先形成这个概念。因此，建构指的是平衡过程里的建构，平衡指的也是建构过程里的平衡，平衡和建构之间是因果关系。

（三）双重建构过程当中的主客体思想

主体和客体间的关系，是皮亚杰发生认识论里最基础的一个关系。建构学说就是根据主体和客体之间的关系发展起来的。要想更好地理解皮亚杰的建构理论，就先从了解和研究皮亚杰提出的主体和客体间的关系入手。

在皮亚杰的认知发展理论中，主体和客体的思想并不是先天就有的，而是在认识主体和外部世界产生相互作用的时候，形成了主客体思想。皮亚杰认为，人的认识最开始是处在无意识、不分主客体的自我中心状态，随着主体和客体之间的相互作用，根据人认识过程的外化、内化的双重建构，在这个时候，主体和客体的概念会随实际活动，在主体的思想里分化形成。从认识论角度看，主体和客体的形成、存在既是对应的，也是对立的。一般哲学意义上的主体和客体之间的关系、存在于思维之间的关系、客观与主观之间的关系，是在主客体实际分化以后出现的，不过这种分化一直发展到成年人的水平才有了现实的意义。

在皮亚杰的论述中，主客体有很多种含义，大致可以概括为以下相互联系但本质不一样的含义。

第一，主体不仅有物质至上的特征，还是客观世界里的真实客体。主体可以在自身活动中对客体进行改造，还可以利用自我调节，适应环境的功能，可以说主体是动作和功能的重点。在主体与客体进行相互作用的时候，主体会发出动作，而这个时候客体是认识的对象、主体的动作。这里需要注意的是，客体是独立于主体存在的，它在被认识以前就存在，而且在通过实验探索时依然不依赖于主体而保持着它的特性。

皮亚杰认为主体要比客体更重要，在主客体的相互作用中，皮亚杰主要关注的是主体对客体产生的作用。皮亚杰觉得客体只有相对的被动性，而主体拥有能动性、主动性，所以在主体进行双重建构的时候，外化建构起的作用要比内化建构小。不过，需要强调的是，皮亚杰在关注主体的同时，并没有忽略客体的作用。因此，皮亚杰指出，这种认识论引起我们对主体活动的注意但又不流于唯心论，其同样以客体作为自己的依据。不过，我们需要关注的是，皮亚杰的最终目的不是认可客体的客观性，他提到客体的客观性是想表明，所有科学理论都是在客观实体的基础上形成的。

第二，主客体概念是在双重建构的基础上构成的。客体概念是在主体图式外化建构的基础上构成的，主体概念是在主体动作的协调组织内化建构的基础上构成的。这里需要指出的是，前客体和前主体是在双重建构形成前就有的，这里提到的客体和主体，是和认识论层面的主客体不一样的，简单来说，就是这里提到的客体、主体，不具备认识论层面主客体的功能、结构。随着主体动作的协调、丰富，主体的内在图式也在慢慢向着思维图式发展，认识结构的不断完善，让主体慢慢具备了适应环境的能力。皮亚杰提到客体在被发现之前就存在着。虽然前客体和它的结构是独立存在的，但前客体并不是主体外化的产物，所以，这里重点提到客体是主体外化建构在一定条件下的产物，对主体来说，客体只能显示主体的那个样子，而不能是别的什么。皮亚杰提到的客体，实际上就是主体建构在一定条件下的产物，唯有被主体图式同化的客体，才可以被主体利用、认识。

皮亚杰认为，我们无法完全了解认识论意义外的客体，即使是认识论意义中的客体也是相对的。主体通常会在建构的过程中，认识、把握客体。不过，建构不是一次性就可以完成的过程，其处在一个不断发展的过程中。该过程是一直在上升的认识螺旋，且所有具体的建构，都是在特定范围里相对完成的，即只要建构靠近了范围的边界，建构就会被整合，还会在之前的基础上，变成更高层次的结构，并形成比较平衡的状态，直到这个特定的范围被打破。所以，客体身为主体建构在一定条件下的产物，应该也是这样的状态。我们只是暂时对客体进行了建构，使客体只能由不断接近而被达到，也就是说，客体代表着一个其自身永远不会被达到的极限。

总而言之，客体身为主体认识的极限，它不是主体建构产物层面的客体，它们两个不是完全一样的。前者是客观存在的，而后者是主体在一定条件下建构的产物。尽管前者是后者存在的基础，但是因为主体在发展的时候，经常会变成自我中心的状态，因此现实中的客体和主体世界里的客体并不是完全一样的。主体的实践、认识，是主体世界里客体的生存基础，在主体发展的各个阶段中，发生、发展是客体的主要状态。因此，客体的概念也不是完全一样的。总之，客观存在的客体和思想中的客体不是完全一致的。要想更好地把握、理解认识对象客体，我们需要不断检查自己的主观因素，尽量不要出现以自我为中心的状态。

四、智力理论

掌握智力的本质，可以帮助我们加强对认识的了解。在对智力的表述过程中，我们可以更形象地了解认识发生、发展的过程。

（一）智力及适应

认识的发生和发展是皮亚杰发生认识论的研究重点。由于人的智力会对其认识过程的发生、发展造成影响，因此人的智力在该过程中有着十分重要的作用。那智力的本质、概念是什么呢？

在皮亚杰的心理学理论中，皮亚杰提到“智慧是适应”“智慧乃是一种最高形式的适应”。上述提到的适应原本是一个生物学术语，指的是在环境的作用下，生物体产生的变异。换句话讲，适应指的是在自然的影响下，生物体为了生存做出的自然变化。

我们是否可以用生物学术语来描述智慧的本质呢？虽然人是从动物

逐渐演变而来的，人和动物在心理机能、身体器官、生理机能方面具有连续性，但人与动物在本质上还是有差别的，所以我们依旧不可以随意得出结论。皮亚杰之所以用适应来解释智慧的本质，主要有以下两个原因：

第一，当代心理学的潮流对皮亚杰造成了一定的影响。心理学的目标从达尔文的进化论出现之后，就产生了巨大的变化。在进化论出现之前，大部分心理学学派都专注于研究意识的内容；进化论出现以后，就影响了某些心理学家，特别是美国心理学家，使他们来考虑意识可能具有的机能。对很多人来说，这似乎是比确定意识的要素重要得多的基本任务。因此，心理学愈来愈关心有机体对环境的适应，从而使心理要素的详细研究开始失去了它的吸引力。

皮亚杰也持有相同的观点。皮亚杰认为，机体应该在心理、认知水平、生理方面适应主体、客体和环境。此外，皮亚杰还认为，生物适应的直接延伸就是认知水平、心理方面的适应。

第二，适应的加入也与皮亚杰长时间的学科研究有关系。皮亚杰最先研究的是生物学，之后他开始研究儿童心理学，最后建立了发生认识论。皮亚杰在研究开始慢慢转型的时候，了解了生物智力间存在的连续性，这种连续性就像低级动物、植物和人类从婴儿期开始的智力发展。所以，皮亚杰指出认识是环境和儿童之间逐渐产生的一种联系。皮亚杰提出的蜗牛理论，就很好地体现了这一点：在静止的水里，蜗牛的壳是十分软的，它的壳在水中会被拉长；而在岸边受到波浪拍击的蜗牛，它的壳就会变得更硬，而且壳的形状也会发生一定的变化。环境和儿童其实也是这样，在日常生活里，儿童适应环境的能力会一直重建，在认识发展过程中，主体因受到了环境的影响，一直在重建能适应客体的认识结构。皮亚杰把智力的适应和生物的适应进行了对比，通过对比，皮亚杰发现：智力的适应是认识事物的基础，生物是为了存活而进行的适应。

（二）适应理论的五大基本概念

皮亚杰在研究智力本质的过程中，发现主体是在智力适应的基础上认识事物的。因此，在皮亚杰的发生认识论中，适应有很重要的地位。对适应理论的深度了解，可以帮助我们更好地把握、理解发生认识论，因此我们要先了解适应理论的基本概念，包括图式、顺应、同化、平衡、自我调节。

图式。皮亚杰指出，图式是指动作的结构或组织。皮亚杰提到的结构并非普通意义上的解剖结构，而是认识的功能结构。主体会在主体图式的基础上，对客体的刺激产生相应的反应。从生物学的层面来讲，我们是通过遗传得到的最开始的图式。图式可以帮我们区分因刺激形成的感觉、刺激，并把它们整合到对应的结构里。从认识论的角度来了解图式，图式就是分类系统。主体可以利用这个系统来处理客体的信息，同时因为这个具有创造性的图式，其适应力也得到了提高。所以，适应应该是互相作用的结果，不仅将主体图式具备的能动作用很好地展现了出来，还将环境给主体带来的影响体现了出来。

皮亚杰认为图式不是固定的，而是不断发展变化的。通过遗传形成的本能动作图式，是主体具备的首个图式。在这个图式的基础上，通过主体和客体的相互作用，图式慢慢进行建构，并完成了从低层次到高层次的发展。

顺应和同化。皮亚杰认为，客体和主体之间的互相作用，就是顺应、同化。在发生认识论中，顺应、同化这两个基本概念占有十分重要的地位。顺应、同化包含了从生物方面到智力方面一起产生作用的互补机能。所以，皮亚杰将刺激输入的过滤或改变叫作同化，将内部图式的改变以适应现实叫作顺应。

皮亚杰在同化概念的基础上，改造了行为主义公式 S（刺激）→ R（反应）。这个 S→R 公式，其实是某个刺激能够激发特定的反应，不过，皮亚杰认为这个公式有一个最大的不足，也就是忽略了主体在面对外部刺激时的能动性。所以，皮亚杰指出“一个刺激要引起某一个特定的反应，主体及其机体就必须有反应刺激的能力，因此，我们首先关心的是这种能力。感受性自然是依存于做出反应的能力的。所以这个公式不应该写成公式 S → R，而应该写作 S →← R，说得更确切一些，应写作 S（A）R。”

皮亚杰对行为主义公式的改造，强调了在刺激产生时，主体具备的主动性。当外界刺激出现的时候，主体没有处在被动状态，而是通过自己拥有的图式主动整合刺激，从而将这个刺激融进自己的认知结构中。

S（A）R 就体现了当客体刺激出现时，主体的主动性。当面对客体的时候，主体绝对不是被动的接受者。不管是在认识论层面，还是在生物层面，主体都主动改造着客体。除此之外。能动性的水平还决定了主体对客体的改造程度。因此，皮亚杰认为“对 S → R 公式提出的这种修改，绝不只是出于单纯追求准确性，也不是为了理论上的概念化。这种修改提出是认识发展的中心问题。”

由于 S（A）R 在凸显同化的时候，并未强调顺应具备的作用，因此我们还需要加入顺应来反映主体和客体之间存在的相互作用。顺应指的是当主体图式对客体没有了同化作用后，通过顺应对主体图式的改变、调整，让主体适应客体。同化指的是主体对客体的改造，顺应应该是在客体的影响下，主体被改造的过程。同化和顺应的巧妙结合，体现了主客体间的相互作用。

平衡。当主体和客体之间的相互作用达到一定程度之后，就会形成一种平衡的状态。在平衡状态里，顺应、同化都会和对应对象的客观情况相符。平衡状态指的是主体重建客体时，利用同化、顺应与客体的性质相符，重建后的客体也符合主体结构的状态。

在发生认识论中，平衡概念有十分重要的地位。如果顺应、同化的过程处在不平衡的状态，这样不仅无法形成完善、客观的图式，也无法准确地认识客体，因此“发展的理论就必然要求助于平衡概念，因为一切行为都要在内在因素与外在因素之间保持平衡，一般地讲，都要在同化与顺应之间达到平衡。”

不过，我们也不可以把顺应、同化过程的平衡看作一种状态，因为认识的过程具有持续性，因此顺应、同化机制也是在不断运动发展的。由此可见，顺应和同化也不是一直维持着平衡状态。皮亚杰肯定了该平衡状态具备的积极作用，不过，就平衡状态本身来讲，皮亚杰更关注平衡的发展过程。主体认知图式每完成一次更新，就代表顺应和同化达到了一次平衡。新图式的出现，一定会打破原本的平衡，随着认知图式和平衡的不断形成，主体认识图式也从最开始的低层次，慢慢转向了高层次。因此，在平衡的过程中，我们可以看到主体认识能力从低水平向高水平的变化。由此可见，如果把平衡看成一种过程，就能将认识的发展趋势展现得更好。

自我调节。自我调节概念是皮亚杰从生物学里提取出来的。自我调节在生物学里，是指生物体要想更好地存活下去，就要通过改变自己的方式，来适应环境的变化。自我调节在发生认识论中，处在顺应和同化两者之间。主体在认识过程里，会通过自我调节，来完成顺应和同化的平衡。

自我调节是一种平衡机制，可以在各种正负反馈中，实现顺应和同化的平衡。自我调节利用自己的平衡功能，在相互作用里保证顺应和同化的顺利进行。

之所以引进自我调节概念，还有一个原因就是自我调节是生命中最常见的一个特点。虽然在不同层次上，自我调节也会有一些不同，但其目的都是让机体、主体维持在一个比较平衡的状态。自我调节在认知过程中，也有十分重要的作用。自我调节确保了主体顺应、同化过程的客观性、有效性，主体图式也因自我调节而变得越来越完善、丰富。因此，自我调节将结构的形成过程很好地展现了出来。

（三）智力发展的基本因素

皮亚杰认为，儿童在建构认识的时候，智力的发展受到了四个基本因素的影响。这四个基本因素就是机体的生理成熟、个体经验和动作、社会经验和社会生活、有自我调节的平衡因素。总的来说，就是生物因素、个体因素、社会因素、平衡因素。接下来，笔者会对这四种因素进行详细的分析。

第一，生物因素。生物因素是指由遗传决定的神经系统、机体等生理方面成熟的过程。皮亚杰更关注神经系统成熟对智力发展产生的影响，而不是机体成熟对智力发展造成的影响。智力属于高级机能，内分泌、神经系统是其必不可少的组成部分。机体成熟是儿童智力发展的关键和必要条件。不过，在皮亚杰看来，智力发展的决定性条件并不是机体成熟。机体的成熟只是给儿童的认识活动、智力发展创造了可能性。对智力发展来说，机体成熟只是它的基础。社会、环境中的各种因素，也会对智力的发展造成影响。总之，生物因素会对智力发展造成影响，为智力的发展创造可能性。

第二，个体因素。个体因素指的是在自然环境里，个体进行的实践活动和个体得到的经验。皮亚杰觉得在智力的发展中，人们要注重经验的作用。虽然智力和经验密切相关，在经验中可以获取知识，但因为个人经验的不足，所以智力的发展不可以完全依据于个体因素。

第三，社会因素。社会因素是指在社会生活、关系中，个体在教育、文化的传播中得到的经验。对于主体社会化的推进和主体智力的发展，两者之间基本平衡，又相互制约。教育和社会生活对智力发展的影响，就体现了社会因素对智力发展的影响。人们从出生就生活在一个十分复杂的社会系统里，社会生活随时都会对我们造成影响，这其中也包含对智力发展的影响。对智力发展影响最深的应该是家庭。一个好的家庭环境，可以给儿童的智力发展打下良好的基础，父母和儿童的关系会对大部分儿童早期的智力发展产生很大的影响。除此之外，儿童和其他人的接触，会使他们慢慢脱离自我中心化，这也象征着儿童智力的发展。

对儿童进行系统的教育就能让他们更好地了解外界，积累知识、经验。简单来说，就是教育因素对主体的智力发展起到了促进作用。在皮亚杰看来，教育一定要服务于儿童认知结构形成。皮亚杰觉得在这个社会中，如果主体不具备同化作用，他们一直在被动接受教育，那么这种教育就是没有用的。要想使主体主动同化从教育中获得的经验，教育就要激起主体的积极性，只有提高了主体的兴趣，他们才能进行再创、再造活动，从而实现有效同化。综上所述，虽然教育促进了智力的不断发展，但教育无法改变、超越智力发展的顺序。

第四，平衡因素。平衡因素是社会环境、机体、自然环境三者之间相互作用的过程。平衡因素和社会经验、生理成熟、个体经验的作用，都有一些关系。智力平衡不是热力学中熵的增多、力学中机械的平衡，它指的是主体在自我调节下的定向发展。在智力发展中，平衡因素是一个十分重要的因素。因为平衡是形成认识的一种过程，所以皮亚杰觉得平衡因素是四个基本因素中最为重要的一个因素。

在智力发展四个基本因素中，儿童智力理论强调了在智力发展中，主客体相互作用的实际应用。这里提到的客体指的是社会环境、自然环境；主体不仅是一个社会成员，还是一个生物个体。个体不仅会在社会环境中得到社会经验，还会在自然环境的活动里得到个体经验。生物慢慢成熟的过程，其实就是个体成熟的过程。主体、客体之间的相互作用，主要体现在个体因素、生物因素、社会因素的平衡过程中。

第二节　维果茨基认知发展理论

一、文化—历史发展理论

该理论将人的心理机能划分成两类。第一类是机械记忆、感知觉、没有词参加的形象思维、不随意注意、冲动性意志、情绪等低级的心理机能。这是动物和人共有的，它们起源于自然，伴随着有机体的自身结构，特别是神经系统的发育而发展。第二类是高级情感、意志、随意注意、创造想象、抽象思维、词的逻辑记忆等高级心理机能。它们具有一系列不同于低级心理机能的特点，如它们是随意的、主动的，有自觉的目的，以符号或词作为中介结构等。总之，它们是人类特有的。

为什么人类具有与动物存在质的区别的心理机能呢？维果茨基提出人的高级心理机能是受人类社会文化历史所制约的。他认为人具备的高级心理机能，是通过语言实现的，是在人和社会的交互作用、各种活动里慢慢构成和发展的，是各种社会交互作用、活动一直内化的结果。

为了说明人的高级心理机能的社会起源，维果茨基提出了高级心理机能两次登台的理论："在儿童的发展中，所有的高级心理机能都两次登台：第一次是作为集体活动、社会活动，即作为心理间的机能；第二次是作为个体活动，作为儿童的内部思维方式，作为内部心理机能。"（余震球，1994）这就表明，在发展过程中，所有高级心理机能最开始一定经历过外部的阶段，也就是高级心理机能最开始是社会机能，之后才内化成了个人的内部心理机能。言语发展也许是这一原理最好的例子。言语最初是作为儿童与周围人进行交流的手段而产生的，只是到了后来，它才转化为内部言语而成为儿童自身思维的基本方式，成为他内在的心理机能。例如思考。人们在思考问题时其实就是自己跟自己在讨论，好像听到两种或多种不同的意见在头脑中争论，最后哪种意见占上风就做出哪种决定。思考起源于同伴间的争论，儿童在与同伴交往中难免有矛盾、有冲突，在集体中经常有争执，与此同时便产生要证明自己思想观点正确性的需要，所以儿童必须学会了解和检验自己的思想正确性的依据。这样，这种个体间的争论活动变成了个人内部的思考活动。人特有的意志活动跟内部言语和思考一样是从儿童与周围人的相互作用中产生的。在维果茨基看来，高级心理机能不是生物学上形成的，而是内化了的社会关系，甚至在内化为心理过程时，其实质仍是准社会的。人在面对自己时仍保留着交往的机能，如人在思考问题时就是一种自我交往。

马克思曾有一句名言：人的本质是社会关系的总和。维果茨基创造性地用这一名言来解释人的心理实质，指出人的心理实质乃是移置在内部并成为个性的机能及其结构形式的社会关系的总和。用这一观点观察儿童的个体心理发展，人们必须承认在发展中，教育、环境具备的决定性作用。因此，儿童生活的环境质量、活动质量、社会交往质量就决定着儿童成长的质量。

二、心理发展的含义

维果茨基认为，心理发展指的是在教育、环境的影响下，一个人的心理从刚开始的低级心理机能，慢慢变成高级心理机能的过程（这里具体指的是从刚出生到成年）。

维果茨基认为，个体心理机能从低水平向高水平发展时，有以下几个标志：

第一个标志，不同心理机能间的关系一直组合、变化，构成以语词与符号为中介的间接心理结构。

第二个标志，心理活动具备的个性化特点。个体意识的不断发展，不仅是个体某个机能从一个年龄阶段向另一个年龄阶段的发展、增长，还是主体个性的发展、增长，是主体整个意识的发展、增长。

第三个标志，指的是心理活动的随意机能。心理活动是主动、随意的，是主体根据预定目标主动进行的。

第四个标志，指的是心理活动的抽象——概括机能。心理活动具有抽象、概括的反映水平，其实就是因为思维的加入，各种机能变得更加高级。

在心理发展中，心理活动具备的抽象——概括化、随意化、个性化、整合化是互相促进、相互联系的。

三、心理发展的原因

维果茨基认为，个体具备的心理机能，由低水平向高水平发展的原因有三个：第一个原因，从个体发展的角度来讲，儿童在和成人的交流中，会利用高级心理机能的符号、工具语言，从而在低级心理机能上建立新的心理机能；第二原因，个体具备的心理机能是高级心理机能一直内化的结果；第三，是社会文化历史发展在一定条件下产生的，社会规律对它有制约作用。

四、教学与发展的关系

根据高级心理机能的社会起源理论，我们发现儿童的心理发展，主要是在社会交往中，尤其是在与有丰富经验和知识的社会成员、长辈的交往中完成的。也就是说，儿童心理发展离不开成人的帮助和指导。而这种帮助和指导的重要形式就是教学。维果茨基认为“作为交往和它的最系统化的形式便是教学”“教学可以定义为人为的发展”。这样，他就精辟地指明了教学的交往本质，以及教学对发展的促进作用。

维果茨基所称的教学不是狭义的课堂上的教学。他指出，教学不是儿童在学龄期才初次相遇的。实际上，从儿童出生的第一天，他就开始了与成人的社会交往，从广义上说，也就是在成人的“教学”下成长。用维果茨基的话来说就是儿童的教学是在学校教学之前早就开始了的，换句话说，儿童在学校中所碰到的任何教学，总有其自身的前史。比如，在小学期间，儿童就开始学习算术，但在入学前，他已经具有若干知识，如他曾分过东西，比较过物体的大小，懂得实物的简单加减等。

但教学如何才能促进发展？教学与发展究竟是一种什么样的关系呢？在“最近发展区”中，维果茨基重点提到了教学不可以只按照儿童之前的发展过程来进行，而应该根据儿童现在的发展来进行。简单来说，就是教学要引导发展。

教学要取得成绩，必须与儿童的发展水平相一致，这是每一位教师都认识到的基本原理。例如，只有从一定的年龄起，才能教儿童识字；只有从一定的年龄开始，才能教儿童学代数等。因此，要确定教学的可能性，必须了解儿童的现有发展水平。

了解儿童智力发展水平的常用方法是进行智力测验。假设两个儿童在进行智力测验时都完成了 7 岁组所有的测验题目，那么这两个儿童的智龄都是 7 岁。从表面看这两个儿童的智力发展水平相当。但当成人给他们提供帮助，试图让他们在解答测验题上往前推进一步时，结果两人之间表现出很大的差别。其中一个儿童借助于启发性的问题、例题、示范，很容易解答出 9 岁组的题目，即智龄达到 9 岁；而另一个儿童，虽然也对他提供同样的帮助，但他只能解答 7 岁半组的题目，智龄只达到 7 岁半。这两者的差别，表明这两个儿童最近发展的可能性是不同的，也就是给我们指出了这两个儿童不同的最近发展区。

维果茨基曾经提到，想要明确教学可能性和儿童发展水平之间的关系时，不管怎样都不能限制在单一的发展水平上，而是最少要明确两种发展水平：一种发展水平，是儿童在成人的监督、帮助下，处理问题的水平；另外一种发展水平是儿童在活动中独立处理问题的水平。第一种水平和第二种水平之间的差距，就是儿童最近发展区。

儿童发展过程和教学的关系，因为最近发展区，而产生了巨大的变革。按照传统的教育诊断学的观点，仅依靠测验便确定儿童的智力发展水平，而教学应当考虑这个水平而不应当超过这个水平。这种提法包括教学应该面向儿童已经完成的发展阶段。而最近发展区的概念则能帮助教师判明儿童的明天，判明儿童发展的动力状态，从而不仅注意发展中已经达到的水平，而且也注意正在成熟过程中的东西。儿童今天能在成人的帮助下完成的事情，明天他就会独立地去完成。

维果茨基指出，如果按传统诊断学的观点，即教学如果是以儿童已经完成的发展系统为目标，这种教学就是消极的，它就是发展的尾巴。在最近发展区中，有一个准则是和传统观点相对立的：教学只有先于发展，才能称得上是好教学。教学要想变成发展的源泉，促进发展，就要一直建立最近发展区。

维果茨基还阐述了与“最近发展区”的学说有关的学习最佳期限问题。维果茨基认为，一切教育都有最好、最有利的教学时期。如果在这个时期提供教学，能对促进儿童的智力发展产生最大的效果，而过早的教学可能对儿童的智力发展产生不良的影响，同样，过晚开始的教学也是儿童智力发展的障碍。例如，我们不能教6个月的儿童识字，也不能让儿童三岁半才开始学习说话，这两者对儿童的发展都是有害的、不利的。

学习的最佳时期是把注意力、记忆等心理功能的发展和机体的成熟作为前提。发展本身包含着对一定的外部影响特别敏感的某些特定的时期。维果茨基认为，在所有教养、教育过程中，最关键的通常是那些处在成熟阶段却尚未成熟的特性，这为教师了解学习的最佳期限提供了线索。

五、智力形成的“内化”学说

内化的本义指的是从社会意识到个体意识的变化。内化因为维果茨基而产生了新的含义，他认为内化应该是从外部实际动作到内部智力动作的变化。维果茨基指出，个体的高级智力动作是从外部的动作开始的，之后外在的动作就变成了内部的智力动作。起初是比较简单的智力动作，然后内部智力动作随着外部动作的高级化也变得更高级。所以，维果茨基认为，所有高级的心理机能，最开始都是在人际交往中，通过外部动作体现出来的，它经过多次变化和重复，才变成了内在的智力动作。内化的过程可以通过劳动、教学、游戏、生活等方式来完成。

第三节　埃里克森心理社会发展理论

一、理论背景

埃里克森（Erikson）是一位没有高等学历的理论家。事实上，埃里克森没有接受过高中以上的正规教育，但是他尽其所能成功地爬上学术阶梯，获得哈佛大学教授职位。由于缺乏正规训练，他并没有致力于常规的心理学学术研究。他的观点在很大程度上是跨学科的，他独具匠心地将弗洛伊德的观点和人类学语言相融合。一些评论者认为，他的研究取向更多的是哲学而不是科学。然而，埃里克森又不像弗洛姆和其他从事心理科学转向哲学的研究者，他的一些概念已经得到科学证实。

尽管埃里克森忠实于弗洛伊德，但是他的基本概念是高度原创的，更多的源于常识语言，而不是精神分析晦涩的专业术语。这一倾向使他的观点没有更好地与其他理论家的概念联系起来。他最具有创造性的观点就是“同一性危机”，这是他迈入几乎尚未有人探索的人格领域的媒介。奥尔波特（Allport）的确曾经论述过“成熟人格”，但只有埃里克森去推广了人格发展并不终止于青春期这一观点。虽然奥尔波特关注到成人生活，但却没有涉及发展阶段，而埃里克森则详细说明了成人发展的三个阶段。他拓展了人格心理学的发展前景，拓宽了人们成年之后生命发展的视界。

二、理论概述

心理社会发展理论是生理欲望和作用在个体身上的文化力量的一种结合。埃里克森将正常人的一生，从婴儿期到成人晚期分为八个发展阶段。在每个阶段，个人都面临并克服新的挑战。每个阶段都建立在前一阶段之上，其最基本的概念是与这八个阶段密切相连的。

人的发展历经这八个阶段，每个阶段有每个阶段相应的核心任务。当任务得到恰当的解决，就会获得较为完整的同一性；当核心任务处理得不成功或者是失败，则会出现个人同一性残缺、不连贯的状态。处理得成功与失败即为两个极点。例如，婴儿期的最优状态是基本信任的状态，最劣的状态是基本不信任的状态。

就像荣格（Jung）一样，埃里克森谈到一种实体，在这种实体中，论题与反论题并存。成熟和满足是综合后的结果；停滞和适应不良会在解决冲突失败之后到来。每一阶段的冲突都可以称为“危机”。事实上，在每一阶段，个体经历的危机需要在该阶段有关的对立的正极点和负极点之间拉伸。成功解决一个阶段的危机会让人们对下一阶段的同一性问题做好准备。

1. 婴儿期（0 ~ 1.5 岁）：基本信任和不信任的心理冲突

此时不要认为婴儿是一个不懂事的小动物，只要吃饱不哭就行，这就大错特错了。此时是基本信任和不信任的心理冲突期，因为这期间孩子开始认识人了。当孩子哭或饿时，父母是否出现是建立信任感的重要问题。信任在人格中形成了“希望”这一品质，它起着增强自我力量的作用。具有信任感的儿童敢于希望，富于理想，具有强烈的未来定向；反之则不敢希望，时时担忧自己的需要得不到满足。埃里克森把希望定义为对自己愿望的可实现性的持久信念，反抗黑暗势力、标志生命诞生的怒吼。

2. 儿童期（1.5 ~ 3 岁）：自主与害羞（或怀疑）的冲突

这一时期，儿童掌握了大量的技能，如爬、走、说话等。更重要的是他们学会了怎样坚持或放弃，也就是说儿童开始“有意志”地决定做什么或不做什么。这时候父母与孩子的冲突很激烈，也就是第一个反抗期的出现。一方面，父母必须承担起控制孩子行为使之符合社会规范的任务，即使孩子养成良好的习惯，如训练孩子大小便，使他们对随地大小便感到羞耻，训练他们按时吃饭，节约粮食等；另一方面，孩子开始有了自主感，他们坚持自己的进食、排泄方式，所以训练良好的习惯不是一件容易的事。这时孩子会反复应用“我”“我们”“不”来反抗外界控制，而父母决不能听之任之、放任自流，这将不利于孩子的社会化，反之，若过分严厉，又会伤害孩子的自主感和自我控制能力。总之，如果父母对孩子的保护或惩罚不当，孩子就会产生怀疑，并感到害羞，所以父母要把握好“度”的问题。

3. 学龄初期（3 ~ 6 岁）：主动对内疚的冲突

在这一时期，如果幼儿表现出的主动探究行为受到鼓励，那么幼儿就会形成主动性，这为他将来成为一个有责任感、有创造力的人奠定了基础。如果成人讥笑幼儿的独创行为和想象力，那么幼儿就会逐渐失去自信心，这使他们更倾向于生活在别人为他们安排好的狭窄圈子里，缺乏自己开创幸福生活的主动性。

当儿童的主动感超过内疚感时，他们就有了“目的”的品质。埃里克森把目的定义为一种正视和追求有价值目标的勇气，这种勇气不为幼儿想象的失利、内疚感和惩罚的恐惧所限制。

4. 学龄期（6 ~ 12 岁）：勤奋对自卑的冲突

这一阶段的儿童都应在学校接受教育。学校是训练儿童适应社会、掌握今后生活所必需的知识和技能的地方。如果他们能顺利地完成学习课程，就会获得勤奋感，这使他们在今后的独立生活和承担工作任务中充满信心，反之就会产生自卑感。本阶段影响儿童活动的主要因素已由父母转向同伴、教师，而教师在培养勤奋感方面具有特殊作用。

5. 青春期（12 ~ 18 岁）：自我同一性和角色混乱的冲突

一方面青少年本能冲动的高涨会带来问题，另一方面更重要的是青少年面临新的社会要求和社会冲突而感到困扰和混乱。所以，青少年期的主要任务是建立一个新的同一感或自己在别人眼中的形象，以及他在社会集体中所占的情感位置。这一阶段的危机是角色混乱。

埃里克森把同一性危机理论用于解释青少年对社会不满和犯罪等社会问题上。他说：如果一个儿童感到他所处的环境剥夺了他在未来发展中获得自我同一性的种种可能，他就将以令人吃惊的力量抵抗社会环境。

6. 成年早期（18 ~ 25 岁）：亲密对孤独的冲突

只有具有牢固的自我同一性的青年人，才敢于冒与他人发生亲密关系的风险。因为与他人有亲密的关系，就是把自己的同一性与他人的同一性融合为一体。这里也有自我牺牲或损失，只有这样才能在恋爱中建立真正亲密无间的关系，从而获得亲密感，否则将产生孤独感。

7. 成年期（25 ~ 65 岁）：生育对自我专注的冲突

当一个人顺利地度过了自我同一性时期，以后的岁月将过上幸福充实的生活，他将生儿育女，关心后代的繁育。他认为，生育感有生和育两层含义，一个人即使没生孩子，只要能关心孩子、教育指导孩子也可以具有生育感。反之没有生育感的人，其人格贫乏和停滞，是一个自我关注的人，他们只考虑自己的需要和利益，不关心他人（包括儿童）的需要和利益。

在这一时期，人们不仅要生育孩子，同时要承担社会工作，这是一个人对下一代的关心和创造力最旺盛的时期，人们将获得关心和创造力的品质。

8. 成熟期（65 岁以上）：自我调整与绝望期的冲突

由于衰老，老人的体力、心理和健康每况愈下，对此他们必须做出相应的调整和适应，所以被称为自我调整对绝望感的心理冲突。当老人们回顾过去时，可能怀着充实的感情与世告别，也可能怀着绝望走向死亡。自我调整是一种接受自我、承认现实的感受，是一种超脱的智慧之感。如果一个人的自我调整大于绝望，他将获得智慧的品质，埃里克森把它定义为“以超然的态度对待生活和死亡”。

老年人对死亡的态度直接影响下一代儿童时期信任感的形成。因此，第 8 阶段和第 1 阶段首尾相连，构成一个循环或生命的周期。

埃里克森认为，在每一个心理社会发展阶段中，解决了核心问题之后所产生的人格特质，都包括了积极与消极两方面的品质，如果各个阶段都保持向积极品质发展，就完成了这一阶段的任务，逐渐实现了健全的人格，否则就会产生心理社会危机，出现情绪障碍，形成不健全的人格。

第三章　教育心理学主体的心理分析

第一节　教师心理分析

一、教师的角色

（一）教书的角色

唐代韩愈在《师说》中曾说："师者，传道授业解惑也。"可见，教师的角色古来有之。有研究者指出，教师只有出色地完成以下任务才能将教书工作做好：①培养学习动机。奥苏伯尔（Ausubel）指出，有意义学习必须具备三个条件，其中首当其冲的是"学生要有有意义学习的心向"，这里的心向就是学生的学习动机。学生对学习的主动性和热爱程度决定了教学的成效。所以，培养学生学习动机是教学成功的重要环节。②做好教学计划。教师完成确定的教学目标要学会做好教学计划。教师要对学生的实际情况进行了解，对每个学生具有的知识能力、学习策略和学习习惯以及成绩和爱好等要准确掌握，以此做出恰当的教学计划与安排；教学方面要根据每位学生的实际情况选择恰当的教学方法；对课程和教材进行深入研究，在此基础上自主安排教学。③检验学生掌握情况。教师要在教学的合适阶段通过作业、考试等对每个学生的学习情况进行查验，接受学生意见并加以改进，以便提高教学质量（张承芬，2000）。

（二）育人的角色

1. 言传育人者

教师不仅向学生传授知识，还必须对他们进行思想品德教育，使他们树立对事物的正确观念、正确认识、正确态度；教给他们判断是非的标准，想方设法把正确的道德观念转变成学生的道德信念；使学生在学习知识、提升能力的同时，领悟到人生的最高目标，成为有理想、有追求的人，成为幸福的人。

很显然，在这一过程中，教师水平的高低以及教师的语言表达能力等对育人的结果都有影响，这就要求教师自身具有较高的水平。

2. 身教育人者

班杜拉（Bandura）曾经做了大量实验证明，在观察学习中，榜样的身教胜于言教。在学校学习中，学生的榜样除了同伴就是教师，应该说，在某种意义上，教师的榜样作用比同伴的要强。特别是中小学教师的权威作用要强很多，其理所当然会成为学生崇拜和模仿的对象。因此，教师应当意识到自己的示范作用，努力提高自身的素质，为人师表。

3. 学生的心理保健者

教师应具有一定的知识、技能和职责，应做到：①注重改变思想意识。要有做好现代教师的意识，除了要对学习进行教导，还要重视学生的心理健康，保障学生健康成长，促进学生良好发展。②要去学习和深入了解一些关于青少年心理发展、心理卫生方面的知识。经过不断的学习了解青少年学生的心理发展特点，重视不同年龄段的青少年学生普遍存在的问题，解决并及时防止此类问题的发生。③教师还要在教育过程中对每个学生的心理现象有足够的了解，尊重学生人格且有针对性地进行教育，保障学生心理健康发展。

（三）管理的角色

1. 学生集体的领导者

教师是班集体的领导者，教师的地位、知识、经验决定其对班集体负有全面的责任。不管教师多么宽容，如何承认学生的个性，也不管教师与学生的关系如何自由、不分彼此，但教师必须意识到，有效的教学与有效的领导、管理是分不开的。

教师作为学生集体的领导者使群体作用得以体现的做法如下：①形成合理、明确的班级群体规范，使之成为每个学生的行动准则。②合理利用学生非正式群体的积极因素为教育教学服务。③在丰富多彩的活动中强化正式群体规范。

2.纪律的监督和维持者

教师除了完成常规的教学任务以外，还要评定学生的操行等级，维持课堂秩序，判断学生行为的正确与错误，施行奖励和惩罚，制止、裁决打架和冲突，调节争论，解除混乱，稳定学生情绪，组织、领导和控制学生的活动，教会学生自己控制自己等，使学生自觉地服从纪律，从而有利于教师有秩序地开展活动。

（四）代理的角色

在教育过程中，教师还常常充当另一个角色，即以家长代理者形象出现在学生的心中。年幼儿童在入学之前的交际对象主要是家长，入学之后他们会把教师视为自己的家长，把教师看作具有家长特点的人，希望教师像家长那样对待他们。事实上，许多教师对此持肯定的态度，主动关怀学生，对学生充满了希望和热情，但是教师与家长对学生产生的心理效应不尽相同。教师在教育过程中既有父母体贴照顾的一面，也有要求严格的一面，要引导学生逐步把家长的权威与教师的权威分开，使他们超越个人情感的圈子来认识教师的权威，以加速儿童社会化的发展。

（五）研究的角色

1.知识的学习者

俗话说：活到老，学到老。对于教师，这句话就有了更加特殊的含义。

作为教师，一要学习专业知识，精通本专业的基础知识，这是搞好教学工作的基础和前提；二要学习教育理论，掌握教育规律和技巧，这是教育活动成败的关键；三要学习相关知识，具有广博的相关学科知识和广泛的兴趣爱好，这是增强教学效果，适应科学发展的需要。

2. 教学的研究者

随着教学改革的逐步深入，教师要努力成为教师的研究者。教师要在教学时思考各种问题：这堂课我要怎么进行教学？如何教学才能将深层的含义变得浅显易懂？如何引导学生学会学习？教与学的基本概念是对普遍情况的总结，而没有哪一种结论能指引教师在哪种情况下用何种做法，所以教师在实施教学前要对实际情况进行斟酌。教师需要思考自己的教学，掌握一定的基础理论，以便在解决各种已有的问题时能随机应变。因此，教师在承担教书、育人、管理、代理角色的同时，还要加强自身的学习，并努力钻研，以使自己的教育教学适应特殊、复杂的教育教学环境，又兼具研究的角色。

二、教师心理问题的影响因素

（一）过大的工作压力

随着时代的进步，当前教育形势也发生了很大的变化，对于教师的要求也不断提高，这就使教师承受了更大的心理压力。教师在适应当前时代进步以及教育方式观念的改变时，有可能会出现不同程度的心理问题，加之社会对教师的教育教学成果赋予了较高的期望，进一步加剧了教师的心理压力。在这个过程中，很多教师都是在进行自我挑战和超越，但教学观念和方式的转变是一个比较艰难的过程，如果教师在这个过程中没有得到快速成长或者没有取得良好的教学效果，就会感到自责，甚至怀疑自己，最终心理会出现波动，在进行教学活动时就会缺乏自信，从而引发心理健康问题。

（二）过于完美的自我期望难以实现

随着教学改革的深入，当前的教育教学体制有了很大转变，尤其是在师生关系方面，更加强调教师的引导作用。教师在教育教学活动中对于自身的形象塑造较为重视，对于自身的言行举止也会重点关注和制约。然而，当前教师的业绩评定不仅仅是教师的学历、能力以及投入教学的时间，更重要的是学生的反映，这就导致了教学成绩和教师的付出有可能不成正比。很多教师虽然付出了很大的努力，但是教学成绩却不理想，离教师对自身的期望相去甚远，这也是教师心理健康出现问题的主要原因之一。

（三）过多过高的教师角色期望

教师是一个神圣的职业，不仅对国家、社会、学校和学生家庭负责，也对学生的成长负责，可以说教师在教育教学活动中起到了关键的作用。不同的主体对于教师的期望也有所不同，不过相同的是对教师的期望都很高。现阶段，对子女的教育，学生家长普遍比较重视。正所谓关心则乱，如果子女学习出现问题，学生家长就会比较急切，有可能会与教师产生矛盾，而这个过程中教师有可能会感到失望和无助。虽然这些矛盾难以避免，但是教师需要一个适应的过程，而且这个适应过程具有很高的难度，加之社会各方面对于教师角色的期望过多过高，很多教师难以适应，从而引发心理健康问题。

三、教师心理健康对教育教学的影响

（一）教师心理健康对课堂教学的影响

教育教学开展的主要场所就是课堂，也是师生进行互动的地方。在教育教学活动中，教师处于主导地位，教师的心理状态直接影响课堂教学的效果。如果教师心理健康出现问题，在课堂中就会出现心神不定和萎靡不振的情况，课堂气氛就会受到影响，而过于沉闷压抑的课堂气氛也会使学生无法积极地进行文化知识的学习，甚至会引起学生的反感而无心学习，使课堂教学的效果受到严重的影响。课堂教学过程其实存在很多心理健康教育的内容，这些内容或是显性的或是隐性的，但总是会影响学生的心理健康教育。同时，课堂教学很大程度上也是学生心理健康教育的过程，对于学生心理素质的增强也起到关键的作用。因此，课堂教学的效果对于学生的心理健康起到了重要的作用。

（二）教师心理健康对学生心理健康的影响

学生时期是个人心理和行为形成的主要阶段。在这个阶段，通过文化学习和心理健康教育，学生的人格和心理素质都会得到提升。作为教学的主导者，教师在学生心目中具有重要的地位，在很大程度上就是学生的榜样和参照。教师的行为和课堂表现都会影响学生的心理健康，同时教师在教学过程中的点点滴滴都能够使学生体会到教师的良苦用心和教师的期望，这些都会起到引导作用。总之，如果教师在这个过程中表现积极，展现积极的心理，那么学生也会受到影响，有助于学生的人格和心理健康的形成。

（三）教师心理健康对教育工作效率的影响

教育教学的过程实际上就是教师和学生的互动过程。心理健康的教师，自身的言行和课堂表现都会使学生受到积极的影响，使课堂气氛较为活跃，从而使学生在学习中更加积极主动。在教师的积极影响下，学生会表现出很强的求知欲望，享受学习和互动过程，更加尊重和爱戴教师。而这些不仅会提高学生的学习效果，学生的心理素质也会提高，进而使教育教学的工作效率大幅度提高。不过，这是理想的教育教学互动状态。如果教师的心理健康出现问题，就会破坏课堂气氛，使学生学习失去积极主动性，从而降低教育教学的工作效率，最终使学生的文化知识学习和心理健康都受到影响。

四、加强教师心理健康培养的建议

（一）健全教师的社会保障体系

教师职业具有自身的特性，其权利面较窄，社会延伸面也不宽，所以教师的社会保障和待遇也会影响教师的心理健康。对此，要考虑教师职业的特殊性，在社会保障体系方面给予支持，使教师社会保障形成系统和制定化的模式，在一定程度上提高教师的待遇，使其能够适应当前社会的发展，当然也要控制教师过于趋向功利。

（二）加强教师的心理健康教育

教师的心理健康教育需要多方面的努力，尤其是学校，作为教师的管理方，要加强教师的心理健康辅导。一方面，学校要加强教师心理健康知识的培训，为教师提供深造的机会，提高教师的文化知识水平和心理健康知识水平，能够使教师面对较大的工作压力。另一方面，学校要对教师的心理健康问题进行监测，定期进行心理测验，调查教师的心理状态，制订合理的心理咨询辅导方案，从而提高教师的心理素质。

（三）教师应学会自我调节

首先，教师要合理确定自己的职业规划，热爱自身的职业，对于自身的职业生涯要自信，在进行教育教学工作时能够更加热情和积极。除了确定职业生涯规划，还要对其进行细化，如做好时间规划和工作计划，可以细化到每天的工作计划，使生活工作形成规律，通过规律的生活和工作状态，适应当前的教育需求，也会提高自我调节的能力。其次，对于工作内容要遵循轻重缓急的原则，对于重要的事要进行重点关注，合理地确定处理失误的顺序，从而使生活和工作得到合理的安排，减少外界干扰的程度。再次，在工作时要控制好自身的情绪，不能将生活中的情绪带到工作中，同样在工作中的情绪也不能带到生活中，要将生活和工作进行区分，防止二者相互影响。最后，要注意排解压力，增加社会活动，在受到挫折的时候要通过相应的措施进行压力的排解，如向朋友倾诉，适当地进行散心等，不能将压力和情绪埋在心里。

（四）学校要营造良好的教学环境

良好的教学环境不仅有利于学生的学习和成长，还会使教师的心理健康受到积极的影响。学校要重视良好教学环境的营造，不仅要重视学生的需求，对于教师的需要也应引起足够的重视，并进行合理的安排和组织，还要加强教师和学生的交流，给教师适当的奖励，使教师获得成就感。学校要在教师进行教学的过程中给予其更多的自主权，多听取教师的意见，听取教师的心声，对于教师在教学中遇到的问题要积极地进行解决。此外，学校要合理地安排教师的工作任务和时间，减少教师的压力，使教师的工作更加灵活，同时为教师提供培训机会，提高教师的教学水平，使其更加适应不断发展的教育教学形势。

第二节　学生心理分析

一、学生的认知发展

（一）认知发展的概念

所谓认知，具体是指那些能使主体获得知识和解决问题的能力，是人类个体内在心理活动的产物。尽管我们不能直接看到主体内在所具有的认知过程，但是可以通过观察、解读主体认知活动的外部行为对大脑内部的认知活动进行推测。站在广义的视角看，大概任何认识活动里都存在认知。换句话说，认知成分可以在心理活动的每一个环节中提取到。

由于时间的推移使有机体在结构或功能上产生改变的过程和现象叫作发展。“发展”是一切物种的重要特性，而且具有生物学的依据。因此，对有机体的发展进程和结果是可以进行预测的。人类发展有许多不同的方向，如人格发展、生理发展等。

由于时间的推移使主体取得知识和处理问题的能力产生改变的过程和现象叫作认知发展。发展中出现的许多变化是简单的生长和成熟（那些自然和自发出现的变化就是成熟），而且这种变化在很大程度上是由基因决定的。而其他的变化，如认知发展，则主要是成熟和环境相互作用的结果。

（二）认知发展的基本原理

尽管关于发展的内涵和发生发展的方式还有争议，但是大多数心理学家都认同下面一些发展的基本规律。

1.发展模式在一定程度上是有序的和可预料的

人类发展的特点是按可预料的顺序依次出现的。例如，儿童只有在学会坐和爬行之后，才能学会走路；只有从逻辑方面去思考具体物体和可观察事物之后，他们才能从逻辑方面去考虑抽象的概念；先掌握加减乘除才能学习代数；先读童话故事，再读《红楼梦》和《三国演义》等。然而，需要指出的是，“有序”和“可预料”并不是绝对的。相反，人可以超前发展，也可能滞后发展，还可能保持一段时间不变。

2.发展的速度因人而异

有关研究表明，人们到达每个发展阶段的平均年龄。例如，儿童一般1岁左右会说话，7岁时可以用重复作为记忆信息的一种方式等。事实上，儿童在平均年龄时是否能达到相应发展阶段，这是不确定的。

3.发展是逐渐发生的

认知发展的进程很慢，是滴水穿石的过程，不过在某个年龄段会出现较快的发展。

4.发展速度是不均衡的

虽然认知发展是逐渐发生的，但它不是以一定的速度规律地进行，而是存在进步停滞期和平缓期。比如，学步时期的儿童在长达数个月的时间里只能用有限的词汇和一个字的“句子”讲话，但是，也许在第二个生日后的某个时候，其语言发展就会发生质的飞跃，在短短几个星期内，词汇量迅速增加，说的句子越来越长。

5.发展总是受遗传和环境的影响

发展在很多方面都被遗传所影响。认知发展首先要通过成熟过程控制儿童的成长，1岁的孩子不可能获得抽象逻辑思维能力就是这个道理。不过，环境在认知发展的过程中同样起关键的作用。例如，生活在不同家庭背景下的儿童，其认知能力往往也会有差异：生活在注重数理化训练的家庭中的儿童，可能比普通家庭中的孩子更快地发展出抽象推理能力。

二、学生的自我意识、自我概念与自尊

（一）自我意识

自我意识是指个体对自己的心理、思维及行为活动的内容、过程及结果的自我体验、自我认识、自我调节。自我意识是人的意识领域的一个重要组成部分，是人们所特有的一种意识存在形式。人的自我意识能力使其在认识和改造客观世界的同时能认识和改造自己的主观世界。

每个人的意识不是一生下来就有的，而是逐步形成和发展起来的。人首先是形成对外部世界、对他人的认识，然后才逐步认识自己。自我意识是在与他人交往的过程中，根据他人对自己的看法和评价而发展起来的。这个过程在我们一生中一直进行着。自我意识一般包括两个方面：一方面是主体的我，即对自己身心活动的觉察，如自我的性格、能力和行为等；另一方面是客体的我，即被觉察到的我，如学生说的“我觉得自己糟糕透了”或者“我长大了当科学家”，这是作为主体的学生对自身的觉察。而个体在生活中又时刻作为客体被自我和他人所认识，如“我觉得别人都看不起我”。自我意识是个性和社会性发展的核心概念，是伴随着个体的身心发展，在个体与周围环境不断相互作用的过程中逐渐产生和发展起来的。个体的自我意识是社会化的结果，同时，它的形成和发展又不断推动个体社会化的进程。

（二）自我概念

自我概念是指个体对自身的观念、情感和态度组成的混合物。它是指个体对自己的综合看法，是在与环境相互作用中形成的经验基础上建立的，主要受他人的强化和评价的影响。自我概念是个复合体，包含诸多维度，如自信、自尊、自我概念的稳定性、自我定型。

自我概念的稳定性是指个体改变自我概念的难易程度，它依赖于个体信念的发展程度。也就是说，个体反复体验类似的经验时，其信念逐渐趋于结构化，当遭遇事实冲突时不会对个体产生多大的影响。反之，由于个体缺少足够的经验，相关的自我概念未能很好地建立，这时的自我概念比较容易改变。自我概念随着情景和年龄的改变而不断变化、发展。这种发展是从相对具体到相对抽象的过程。低龄学生对外在事物不

能进行有效的划分，其自我概念显得松散，比较容易混淆。而随着年龄的增长和学校教育的介入，学生的自我概念逐渐抽象，变得复杂化。许多研究者都假设存在着一个总体自我概念。最新研究证明，自我概念是按等级组织的。总体自我概念位于等级的上层，下面是一些具体的各个方面的自我概念，从而构成一个多维结构，如图 3–1 所示。

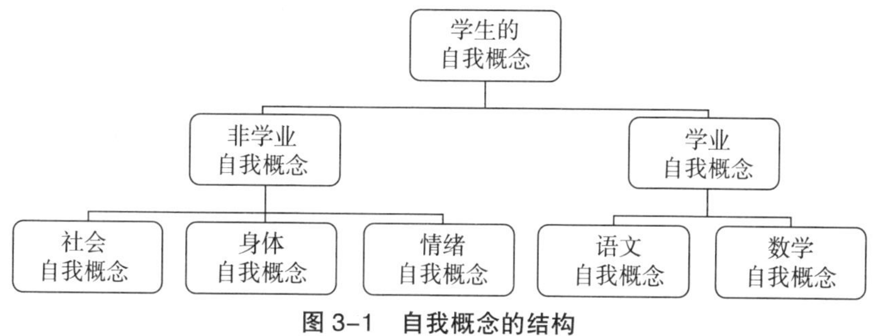

图 3–1 自我概念的结构

教师主要关心的是自我概念如何影响个体的动机和学习，怎样才能有效提高自我概念，以及社会和教育因素如何影响自我概念。许多研究者也认为自我概念与学校中的学习呈正相关。对自己的学习能力有自信且有自我价值感的学生，在学校中有更高的兴趣和动机，并且可以提高其学习成绩。而学习成绩优异的学生大多有较高的自信，维持着高自尊。这些观点还需要更多的研究去加以证实。但是，我们有理由假设，自我概念与学习之间是相互影响的。教育的干预对总体的自我概念产生效果需要较长时间，而对于特定领域的自我概念，则可能会取得很好的效果。例如，对于刚入学的学生，已经在语言和文字方面有较好知识的学生学习起来更加容易，更容易形成积极的阅读自我概念，且随着时间的推移，这种差异更加明显。因此，与学校重要阅读任务有关的早期经验极大地影响着自我概念。进入中学后，学生会根据自己的标准进行比较。例如，如果数学被认为是重要学科，即使他们的数学成绩并不好，他们的数学自我概念也会是最积极的。

（三）自尊

自尊是指个体对自己的价值或者个体是否接受自己、尊重自己的感受。自尊与自信等成分一起构成了个体的自我概念。个体坚信自己能够产生预期效果，能有效地完成任务，这样就能提高自尊。高自尊会促使个体尝试较难的任务，同时，获得成功后可以提高个体的自信。

个体的自尊与学校生活存在着相互作用。自尊影响个体对自己的评价及情绪，从而影响学生在学校中的行为表现。有研究表明，高自尊的学生在学校里的某些方面表现得更成功。高自尊的学生常常与学校中较多的赞许性态度、班级中的积极行为和学生之间的广泛交往紧密联系。同时，学校环境也影响着学生的自尊。学生对学校是否产生满足感，直接影响学生对课堂教学是否产生兴趣。教师的教学过程、评价以及对学生的关爱都会影响学生的自尊。教学组织形式和学习风格的不同可能对学生的自尊产生积极或消极的影响，探究、合作的方式有利于学生加强相互联系、树立自信、维持高自尊。个体对所属群体的认同形成集体自尊，所产生的集体自豪感有利于稳定的自我同一性的建立。教育心理学家古柏·史密斯（Cooper Smith）在其所著《自尊心的养成》一书中提出了培养学生自尊心的三个先决条件。①重要感，指个人觉得他的存在是重要的和有意义的。学生的重要感主要来自与人交往的社会关系，在家庭中得到父母的关爱和在学校受到教师及同学的接纳。②成就感，指个人能在具有挑战性的工作中表现出成就，而且能达到自己的预期目标，这时会产生一种完美感受。学生在学业上的成就感，自然就是形成正确自我概念的关键。③力量感，指个人感觉到自己有处理事务和适应困境的能力。对学生来说，在智能和经验上能接受学校考试的压力，能每天不需要别人督导协助就能独立完成课后作业，就会产生力量感。力量感是使人敢于面对困难、接受挑战的重要心理特征，也是克服困难获得成功的重要原因。与力量感相对应的是无力感，这是学生多次失败之后形成的结果，也可能成为他们在以后求学过程中畏惧退缩而造成再度失败的原因。这三个条件实际上是指三个方面的心理需求的满足，只有这三个方面心理需求得到满足后，自尊心才会出现。

三、社会文化背景及性别差异

（一）社会文化背景差异

说起“文化”，人们往往想起新闻报刊上的文化事件报道，如艺术展览、文艺演出以及古典音乐等。但文化具有更加广泛的含义，它涉及一群人的全部生活方式。对于这种广义上的文化存在着很多定义，如文化是指人们共同的规范、传统、行为、语言以及集体感，但大多数定义都包含了这样一层意思：文化包括引导某一特殊群体行为处世的知识、规则、传统、信仰和价值观。群体创造了文化（生活方式），文化在成员之间传播交流。我们每个人与其说是文化的成员，不如说是某个群体的成员。人群可以因地域、性别、种族、国籍、信仰、阶级等不同而划分为不同的群体。我们每一个人可以同时属于不同的群体，受到不同文化的影响，有时不同群体的文化对同一个人的影响是不相容的甚至是冲突的。我们每个人的信念取决于我们对自己所属群体认同感的强烈程度。在古汉语里，"文化"是一个动词，意指"文治教化"，也就是对社会个体进行教化，将社会期许的价值观、态度、信念、行为方式传达到个体。文化对个体的教化过程是潜移默化的，但其影响是根深蒂固的。教育是"文治教化"的载体，所以教育需要关注文化因素。

当我们到不同地方旅行时，会发现不同地方的人在行为、态度、衣着、语言和饮食上的差异，这就是文化差异。文化差异不仅仅存在于国家之间，也存在于同一个国家社会内部不同的群体之间。例如，在中国西南部山区长大的农村学生与北京、上海等大都市长大的学生，他们周围的文化环境（如地方历史、习俗、传统、语言、人际关系等）存在很大的差别。即使生活在同一个小镇，一个工人家庭的孩子与一个教师家庭的孩子也是生长在不同的文化之中。

文化差异是普遍存在的，但并不是所有文化差异都是显而易见的。大多数情况下，文化间的差异非常微妙、不易发觉。有人把文化比作海上的冰山，海面上的 1/3 是可见的，而剩下的 2/3 却隐藏在海面以下，不易被人发觉。文化显而易见的部分如传统、习俗等只占文化差异的一小部分，大多数差异隐藏在表面之下，它们多数含蓄，甚至是无意识的偏见和信念。

文化差异越含蓄和隐秘，就越难于识别和改变。而当不同的文化相遇，且文化间的差异难于识别，就会导致误会的产生。例如，学校辅导员同时辅导与其相同文化背景的学生 A 和与其不同文化背景的学生 B。面对辅导员询问的是否听懂的问题，学生 A 会点头说"嗯"，而学生 B

则不点头也不说“嗯”。辅导员会误以为学生B没有听懂，从而反复进行讲解。结果辅导员认为学生B不聪明，而学生B则认为辅导员反复讲解的行为让自己觉得很傻。显然，双方都没有意识到交流中存在的微妙文化差异，严重影响了教学的顺利进行。因此，大多数文化冲突都源于隐秘、难于发现的文化差异。

学生进入学校学习时，由于受种族、社会经济地位、宗教、方言、地域、性别以及其他群体认同感和经验的影响，他们已经吸收了成长环境中的各种各样的文化，如语言、信仰、态度、行为方式以及饮食偏好等。他们在特定文化背景下形成的许多行为对课堂教学都具有重要的影响。例如，学校期望学生能够讲一口标准的普通话，但对于那些讲方言的家庭的学生来说就存在困难；学校一般鼓励竞争和独立学习，但有些学生来自鼓励合作的家庭或群体，这些学生在学校中就处于一种不利地位。了解学生的文化背景，这对于有效教授学业内容、培养学生良好行为等具有重要作用。

不过，学校或教师在考虑文化差异产生的基础时，有两点要谨慎对待：第一，将社会阶层、种族和性别等因素分开进行考虑，因为现有的大多数研究都只集中探讨了其中的一个变量；第二，在多元文化教育中，尽管性别、种族、阶层和宗教等群体变量能够为我们提供个体行为的重要线索，然而这些变量并不能用来预测行为。个体所携带的具体群体特征并不能决定个体的行为，而只能说明该个体表现出所处群体的典型行为的可能性比较大。

（二）性别差异

1.性别与性别角色

“性别”在英文里有两个表达方式——“sex”和“gender”，这两个词具有不同的含义。“sex”是生物学的概念，指第一性征和第二性征，是由染色体和激素决定的；“gender”则是心理文化上的概念，指第三性征，通常指特定文化所认定的适于男性和女性的心理特质和行为方式。性别的这两种表达方式说明，性别差异的形成需要一定的生物遗传基础，但更重要的是它还受社会规范和期待的作用。例如，男孩侵犯性较强以及性格上的差异是由于文化的压力与期望造成的结果；同样，男孩在空间任务上的优越性更可能是不同经验和不同期望的结果。可以说，性别差异是自然、社会和心理多种因素整合作用的结果。对男女两性来说，所谓的自然行为实际上更多的是由文化观念决定的，而不是生理结构的结果。大量研究表明，不管遗传的生理差异有多大，男性和女性之间的许多差异都是与个体早期不同的社会化经历有密切关系。

个体在社会化的过程中，渐渐获得性别角色。性别角色是由社会群体为男女制定的一套行为规范，它对个体的行为进行性别的标定，如传统观点认为女孩子小时候就应该玩布娃娃，男孩子就应该玩卡车。性别角色认同是个体对自己作为男性或女性所具有特征和行为的信念，是个体的性别特征自我形象，属于个体自我概念的一部分。当个体对性别角色认同顺利，他就能很好地社会化，形成与其性别角色地位相适应的心理内容和人格倾向，否则，其社会化定向就会出现混乱。

2.智力和学业性别差异

人们对智力的性别差异问题争论已久。大多数研究表明，从婴儿期到学前，男孩和女孩在综合能力和具体能力上并没有差别。上学之后，标准化的文化公平测验也表明男生和女生在一般智力上没有差别。例如，在一般语言能力、算术能力、抽象推理、空间想象及记忆广度上，不存在性别差异。然而具体能力测试表明，性别之间存在显著差异。例如，从小学到高中，女生在阅读和写作考试中获得的分数普遍要高；在常识、机械推理和心理旋转等测验中，男性比女性得分高；在注意力和计划任务中，女性比男性得分高。

国外研究发现，在学习成绩上，女生从上学开始就优于男生，这种优势一直持续到高中。在数学成绩上，男性内部的差异比女性内部差异大，即得分特高和得分特低的男性人数都多于女性。但有趣的是，高中男生往往倾向于高估自己的语言和数学能力，而女生总是倾向于低估自己的能力。此外，在小学，男生比女生更容易产生阅读障碍、学习困难和情绪困扰。国内研究发现，男女生运算能力、空间想象能力的发展存在差异。从初二开始，男生的空间想象能力发展平均水平高于女生，但高一以后，男女生的空间想象能力的平均水平又趋于接近。男女生逻辑思维能力水平差异不大，初中女生的平均水平略高于男生，高中男生的平均水平略高于女生。

第四章　不同学派的学习理论

第一节　行为主义学习理论

1913 年，华生（Watson）公开发表文章《行为主义者眼中的心理学》，这代表行为主义观念正式出现在大众视野之中。行为主义理论与传统心理学理论有着本质区别，传统心理学讲求运用内省法观察主体的主观意识是否发生变化，而行为主义心理学直接否定了这种方式，它讲求用相对客观的方式观察主体的所有行为。华生认为，心理学的所有研究应该完全舍弃传统心理学研究中包含的主观成分，它应该和自然科学的类型是相同的，甚至从属于自然科学，是研究动物行为以及人类行为的自然科学的一个下级项目。这个理论一经问世，在整个心理学界引起轩然大波，这意味着西方心理学发展迎来巨大变革，迈入新的时代。

经后世多位专家学者对华生提出的行为主义理论进行适当补充、完善，行为主义理论的影响力不断扩大。行为主义的发展分为三个阶段，即旧行为主义理论阶段、新行为主义理论阶段、新的新行为主义理论阶段，其发展的中心和主线一直都是学习。在行为主义发展过程中，方法论基础和研究方式持续完善，对学习本质的研究和了解更加深入和完整。无论行为主义理论是兴盛还是衰落，它对心理学的发展，对所有触及领域的发展都起到关键的引导作用，尤其是对教育领域的发展更重要，它指出了教育领域未来的发展方向。

一、旧行为主义学习理论

（一）兴起原因

行为主义理论是美国早期心理学两大支柱内在逻辑矛盾的产物。因为美国心理学的原始形态与德国意识心理学的实验形式极其相似，而且华生对机能主义的心理适应理念十分熟悉，但华生发现内省法的研究机制和态度，以及机能主义主观意识研究的流程并不严谨，为获得更准确的研究成果，他提出了唯一始终一贯的、合乎逻辑的、彻底的机能主义——行为主义。从方法论角度分析，比较心理学中许多范式是行为主义理论的起源，最显著的表现就是华生行为主义机制的方向是由巴甫洛夫（Pavlov）条件反射的方法和桑代克（Thorndike）的学习理论体系共同决定的。从外部影响角度分析，行为主义与哲学客观主义的发展趋向十分吻合。华生等人认为，如果心理学需要运用实证主义的相关方案，意味着心理学可以成为科学的一部分。而且当时美国机器大工业开始兴盛，资本主义私有制大行其道，这种社会文化要求专家学者转战研究人的动作标准化以及行为控制，推动了行为主义的出现。

（二）理论要旨

旧行为主义代表人物有华生、魏斯（Weiss）、亨特（Hunter）、拉什利（Lashley）、霍尔特（Holt）等。华生指出心理学不应该将意识当作主要的研究对象，所有可观察的行为才是主要的研究对象。华生在桑代克“联结说”理论的基础上提出新观点——动物以及人类的所有行为可以用刺激以及对应的反应来阐释。所谓刺激就是导致机体外部或内部发生变化的物质；所谓反应就是机体腺体分泌新物质，机体肌肉产生对应收缩行为。因此，心理学研究的关键就是找出刺激和反应之间存在的规律和联系，知晓其中关联就可以用反应推演刺激或用刺激推演反应，从而人类可以在知晓外在刺激的基础上推断、预测并掌控最终行为。华生通过巴甫洛夫条件反射的研究方法对一些动物以及婴幼儿进行了一系列试验，得出以下结论：除某些特例外，人类情感以及行为的反应都是人类对刺激条件的反应。

华生行为主义理论最根本的目的就是借助刺激和反应之间的关联推

测、掌控对应的行为，即用已知刺激推演即将产生的反应行为或用已知的反应推演可能的刺激行为。因此，他在研究学习相关问题过程中始终相信施加一定的外在刺激一定能获得对应的行为反应，这种想法导致他走向极端，使他认为教育的效用是万能的，周边教育环境决定人类所有的学习行为。约翰·华生对此也提出一个极其关键的论点：构造上的差异及幼年时期训练上的差异足以说明后来行为上的差异。他认为人类早期的教育价值万金，因此他十分注重婴幼儿时期的后天教育，更指出外部刺激是影响婴幼儿学习进度的关键，且通过一定方式可以掌控外部刺激，而最基本的方式就是条件反射。华生认为能靠一连串的刺激使婴幼儿形成健康习惯，且婴幼儿形成习惯的难度与习惯的复杂程度无关，但关键是如何确保第一次刺激产生的反应能转化为第二步反应的刺激。假设，这一连串反应中每个反应都是单独的外部刺激导致的，根据巴甫洛夫条件作用原理，条件刺激和无条件刺激之间存在一定的时间关系，所以这一连串反应对应的刺激也是相继发生的。因此，前一次刺激引发的反应可以充当后一次反应的刺激，此时的刺激可以是替代刺激也可以是条件刺激，当所有刺激都能如此进行，一旦开始第一个刺激，这个反应就会一直持续下去。根据上述内容可知，任何反应都能通过刺激得出，无论婴幼儿习惯如何复杂，都能通过一连串刺激得出，华生遂提出只要有适当的刺激，婴幼儿可以塑造成任意模样的观念。

在当时的教育界，华生的观念是非常新颖、超前的，否定了婴幼儿本身的遗传作用，凸显外在学习、训练、教育的作用。在20世纪上半叶，华生的观念一直占据心理学的主导地位。

二、新行为主义学习理论

（一）演化原因

随着时代发展，越来越多的心理学家对华生等人的理论持反对意见，因为旧行为主义理论过于忽视主体自身的内部因素，意图将心理学范畴缩小至科学范畴，将繁杂的心理过程转化成简单的对应关系。机能主义者吴伟士（Woodworth）对此有自己的见解：“由于华生及其追随者的热忱，便夸大了行为主义这一革命的限度。”旧行为主义理论大约在20世纪30年代末期逐渐退出历史舞台。1920年后，实证主义作为旧行为主义理论的哲学基础也获得一定的发展，由最初的激进实证主义逐步发展到逻辑实证主义，甚至衍生出间接观察实证的原则。当时，第一次世界大战结束不久，一大批在欧洲享有盛名的思想家、心理学家为躲避战火全部迁居到美国，为不同学派观念的相互渗透和相互融合提供了便利条件，推动了行为主义理论发展。

（二）基本精神

为解决旧行为主义的不良局面，行为主义心理学家斯金纳（Skinner）、托尔曼（Tolman）、赫尔（Hull）率先对旧行为主义进行修正，选择了一种能同时发展客观心理学理论和客观试验的方式，后来人们称这种经过修正的行为主义为新行为主义。新行为主义仍然遵从旧行为主义的核心和理论基调，探究人这种主体的反应和刺激存在的内在联系，但它与旧行为主义也有不同点，即新行为主义者同样尊重其余学派的理论，如有些新行为主义者同意并接受格式塔心理学的相关理论，注重主体的整体行为以及主体的行为动机和内部条件。新行为主义者仍然认为意识属于主体行为的内部表现，研究心理学只需探究主体的行为，不用再分析主体的思维或意识。人类和动物在新行为主义者的眼中是相同的，都属于单独、静止的客体，无须注意其内在心理。由此可知，新行为主义和旧行为主义都不注重主体的意识研究。托尔曼、赫尔虽然在探究刺激和反应的关系时增加了对应的中介变量，但仍不能完整掌握人类的内在心理。

（三）斯金纳的理论特色

斯金纳发明了特殊的研究仪器——斯金纳箱，用于分析机体的行为。在实验过程中，他通过呈现刺激、安排结果、信号刺激三种方式控制实验环境，这是他在旧行为主义刺激—反应模式（条件反射）阐述学习过程的基础上发展而来的新型学习理论。他认为自己的理论能够更全面地阐释行为模式的具体内容。在操作条件反射和强化作用下，机体可以通过学习掌握繁杂的动作或技能。斯金纳认为，从刺激的定义来看，给予机体的强化物和实现强化的环境都属于刺激的一种，自然能获得对应的反应。当机体突然出现预测反应时，立刻奖励强化物，下次出现此种反应的可能性便会上升；保持此行为一段时间；当机体的反应与预期不符，强化停止。因此，机体想形成一种相对繁杂的行为，可以通过相应刺激使机体形成小小的、与繁杂行为差距不大的行为单元，从而形成复杂行为。由此可知，学习的过程是长期的、发展的、循序渐进的。

斯金纳深层探索人类行为的目的，是想借助研究人类行为实现社会问题和心理学的有机融合，预测并掌握人类的行为，从而解决当前世界上存在的各种各样的社会问题，尤其是那些根本无法用其他学科知识解决的问题。他的“行为技术学”在教育领域的应用十分广泛，最显著的就是教育控制。他指出，教育就是建立在将来对个体和他人有利的行为，且这种行为最终将受到许多不同方式的强化。总之，斯金纳以自身理论为基础提出的教学机器和程序教学对教育界的影响十分重要。

三、新的新行为主义学习理论

（一）兴起原因

新行为主义者对于操作主义和逻辑实证主义的执行是不遗余力的，其目的就是将心理学转变成自然科学，但在 1950 年左右，新行为主义也迎来莫大危机。当时很多心理学家反对新行为主义者提出的环境决定论以及人和动物区别不大的理论，而且现代认知心理学发展迅速并很快获得大众认可，那些注意力、记忆、思维、意识等行为主义不认可的概念已经成为认知心理学的研究对象。面对此种情况，米歇尔（Mischel）、班杜拉（Bandura）等生活在行为主义环境中的心理学家想要在认知心理学和新行为主义之间开辟一条中庸道路，既坚守新行为主义精神，又具备认知心理学的特点和理论，即在认知心理学理论的肉身之外披上新行为主义的外衣，因此后人称他们为新的新行为主义者。

（二）理论要旨

这些新的新行为主义者在探究学习问题时，最主要的研究对象就是人，且专门强调人的主体地位，重视人的主观能动性。他们认为人类学习的过程是逐步变化的，对应的行为反应存在一定的内隐性。他们认可社会各种因素会影响人类的行为，同时用辩证的方法剖析先天遗传和后天学习之间存在的关联，强调人类自身的认知、调节等对学习至关重要。

米契尔、班杜拉等新行为主义者不仅否定了传统行为主义的学习理论，还吸收了现代认知心理学的相关理念，在此基础上创建了特殊的理论机制。以班杜拉的社会学习理论为例分析新型理论的内涵。班杜拉经历了行为主义理论的全部阶段，而且见证了人本主义和认知主义的出现和兴盛，他并未停留，而是勇于担负历史重任，创建新型的学习理论。他的社会学习理论是他在传统行为主义和新兴认知主义之间构建的一条枢纽，并在后期与人本主义相衔接，因此，他的学习理论在当时别具一格。

（三）班杜拉的学习理论

不管是以华生奉为真理的条件反射原则为主的传统学习理论，还是以斯金纳创造的操作条件反射原则为主的新型学习理论，在当时问世时都受到无数人的追捧和认同，尤其是德育研究领域以及侵犯行为研究范畴。人们对于影响青少年行为的示范式暴力的预防性极强。

班杜拉认为，通过观察学习可以获得对应的学习行为，对后世启发很大。学校教师会运用此原则对学生进行道德规范教育。从科学角度分析，三大典型学习范式就是经典条件反射、操作条件反射以及观察学习。班杜拉认为所有学习现象都属于观察学习，但这个观念并不完善。

班杜拉一直都在探究人类的本性，后来他在研究结果的基础上提出了自我调节理论、交互决定论，这两个理论是社会认知论的关键基础。他指出，环境因素、个体因素、行为因素都能影响学习，这三个因素之间既相互作用又相互促进；他认为，人类是学习的主体，人类的自我调节同样属于核心因素，即自我影响也是影响学习行为的关键因素。借助外部刺激和内部自我调节，可以完美贯彻自我指向。比如，对于营造良好的学习环境，提供正确的指点，为了自身努力学习创造各种各样的外在条件，人们也会认为是依靠自身想法以及相应的行为才会实现学习行为。班杜拉在逐渐清楚认识上述理论的过程中，提出了自我效能理论。1977 年，班杜拉认为，自我效能其实就是预测自己在某种特殊场景中拥有操作行为的能力。1980 年后，班杜拉认为，自我效能其实就是有关恪守自我生成能力的信念，对行为操作能力的知觉。随着自我效能理念的持续发展和改进，意味着班杜拉的学习理论在人格层面又迈出一步。

班杜拉认为，人在不同条件下的表现是完全不同的，个人的自我效能感决定了个人发挥自身潜能的程度，这种自我效能是人作为主体元素的关键，并不断渗透、充斥在人体技能活动的所有层面。此外，班杜拉认为，个体收获成功的事业以及幸福的人生是由于个体不断的自我开发、创造，而不是简单的环境所决定的。他还证明了通过加强归因训练、及时自我强化以及恰当的外部强化可以培养和强化自我效能，而情景条件、情绪发生、言语劝说、替代性经验、行为成败经验等会在某种程度上影响自我效能。

班杜拉对自我效能理论的阐述不仅有认知主义理论的特性，也保留了传统行为主义理论的特点，更有着人本主义的特殊理念。他指出认知因素的地位十分重要，但也不排斥情景和激励的作用，且直接研究人本主义范畴的理论——如何开发人的潜能。出现上述情况的原因有两点：一是班杜拉本人拥有极强的职业敏感度；二是符合学习理论发展的必然逻辑。根据这种逻辑，人的主体性不容忽视，只通过加强训练（视人为动物）或持续开发（视人为电脑）的行为都是偏颇、片面的。1985 年以后，班杜拉更是将人类主体的自我效能扩大到集体效能，扩大该理论的适应范围，更能和教育学、社会学、心理学等理论进行配合。

第二节　认知主义学习理论

认知主义和行为主义存在很大差别，认知学习理论并非只研究外在刺激和对应反应，还着重探究学习者对于外在刺激的内部加工过程和机制。它并不是研究实验室中各种动物的学习行为，而是探究人类是如何形成概念、理解事物以及进行思维和解决问题的。他们认为，学习并不是简单地改变或增强行为习惯，而是心智主动活动的行为表现，是形成、扩充、改革知识系统等内在认知表征的过程。1910 年，格式塔学派在德国成立，代表人物是马克斯·韦特海默（Max Wertheimer），而认知学习理论正是从此学派的理论中发展、衍变而来的。20 世纪 50 ～ 60 年代，当时很多学者正深入研究语言发展和复杂学习活动等与学习关系甚密的问题，计算机科学也出现在大众视野，使认知学习理论获得发展的契机，并迅速流行。此时的认知学习理论有两个关键方向：第一，信息加工理论，代表人物有安德森（Anderson）、加涅（Gagne）等。这种理论是受到计算机科学的影响和启迪后得出的，主要是用计算机来类比人分析认知加工的全过程，即从信息的接收、编码、存储和提取全过程剖析学习的认知过程；第二，认知结构理论，最典型的代表人物为奥苏贝尔（Ausubel）、布鲁纳（Bruner）等。此理论与格式塔理论关联十分紧密，认为人类的认知是整体结构，人类进行学习就是对整体结构进行重组的过程或者是从零开始形成整体的过程。现有认知结构对于个体来讲属于内在编码系统，它控制个体选择、理解、组织和推理新信息。

一、学习的信息加工过程

（一）学习和记忆的信息加工模型

在学习活动中，学习者会通过课本、教师以及其他各种信息来源接触到大量的信息。有些信息几乎没有被学习者注意到，而有些信息则可以被长期地保持下来。人是如何加工、保持信息的呢？心理学家提出一种新想法，即根据计算机加工和保持信息的方式推断人的记忆过程，最终心理学家构建了人类记忆信息全过程的模型。模型的类型五花八门，但谢夫林（Shiffrin）和阿特金森（Atkinson）构建的记忆模型使用人数最多、范围最广。加涅又在此模型基础上构建了人类学习的相关模型。记忆的信息加工模型如图 4-1 所示。

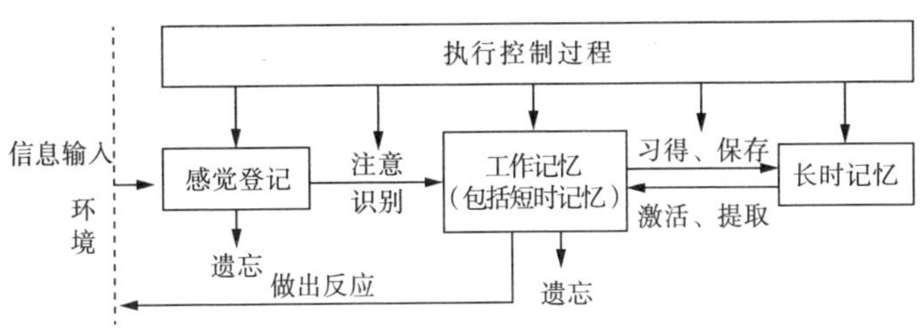

图 4-1　记忆的信息加工模型

由图 4–1 可知，人的记忆和学习过程是一连串信息加工（information processing）的过程，即接收外界环境的信息，进行编译，存储成工作记忆乃至长期记忆，当需要应用时从长时记忆（long-term memory）中提取和应用。人在整个信息加工过程中，都需要执行控制（executive control），即通过各种各样的方法促使自己掌握信息的接收、编译、保存、应用全过程，并及时调节和反应。

具体分析如下：

首先，外界环境中的信息（刺激）会通过眼、耳等感觉器官接收，进入感觉登记器（sensory register），此时的记忆属于感觉记忆（sensory memory）。信息在感觉登记器中停留的时间大约只有 0.25 ～ 3 秒，如此短暂的时间中，人也会对信息进行初步加工，即将信息编译成感觉相似的、具体的声响和图像等，然后将这些信息进行归类和定性，对其中一部分信息赋予特殊的意义（将某个图像认定为三角形），存储成短时记忆。

短时记忆 long-term memory 指的是人在现在时段能记住的、意识到的内容，它在整个记忆系统中只是一个加工信息的地方。工作记忆（working memory）是一个比短时记忆更宽泛的概念。严格地说，工作记忆是指个体在执行认知任务过程中暂时储存与加工信息的容量有限的系统，是人类认知活动的核心，是学习、推理、问题解决和智力活动的重要成分。在工作记忆空间中，刚刚获得的新信息会获得适当的加工和存储，同时与长时记忆中被提取的相关内容形成勾连。短时记忆中编译信息的方式可以是具体的感觉形象，也可以是抽象的语义。短时记忆的容量是有限的，通常认为只有 5 ～ 9 个信息块。这就是说，人在头脑中只能同时想 5 ～ 9 个独立的东西，如数字、单词等。但每个信息块本身可以包括很多有联系、有组织的信息，如可以把零散的单词组成句子，一个句子就成了一个信息块。这样，人通过把零散的信息组织成更大的、有意义的单元就可以扩大短时记忆中所保持信息的数量。这种将零散的信息组织成更大的、有意义的单元的过程被称为组块（chunking）。在短时记忆中，信息保持的时间也很短，一般在 20 秒以内。但是，如果学习者不断对信息进行重复，如反复地说一个电话号码，就可以使信息保持激活的状态，从而在短时记忆里保持更长的时间。通过学习者持续的复述信息内容，同时解释其内在意义，可以将其和自身存储的知识形成关联，至此，人可以将此信息储存到长时记忆中，需要运用时可以提取出来。

长时记忆（long-term memory）的存储容量几乎是无限的，储存的时间是长久的。后来回忆不起来的原因只是由于提取的困难，不能从长时记忆中找回有关的内容，而借助一些回忆的线索常常可以起到帮助回忆的作用。按照存储的内容和形式的不同，长时记忆至少包括以下三个部分：①情节记忆（episodic memory）。情节记忆就是人对生活中各种情节的记忆，即将自己在某时某刻的所见所感像电影情节一样存储在记忆中。有证据显示，当人在记忆知识过程中，能将抽象的知识和鲜活的画面、图像、活动完美结合，记忆会更迅速、更牢固。②语义记忆（semantic memory）。语义记忆是关于各种概念、思想及其关系的记忆，主要以语义的形式进行表征。③程序记忆（procedural memory）。程序记忆是关于如何做某件事情的记忆，如何使用计算机进行文字编辑。后两种记忆在学校教学中具有更为重要的意义。

（二）学习的基本阶段

加涅在记忆的信息加工模型基础上将学习过程分成八个阶段，依次为动机阶段、领会阶段、习得阶段、保持阶段、回忆阶段、概括阶段、作业阶段、反馈阶段。加涅提出的学习模式不但具有行为主义的观念，也有认知主义的观念，是两者的有机融合，此学习模式符合人类的学习特点，具有代表性。

学习过程并不是单一事件就能实现的，而是需要一连串事件组合才能完美实现。加涅将学习过程的八个阶段，如图 4-2 所示，左侧为学习阶段以及每个阶段对应的学习内容和过程，右侧为教学过程中的各个事件。学生的学习过程一环扣一环组成完美链条，各个阶段的内容和过程与教学事件是一一对应的。

由图 4-2 可见，动机阶段在学习过程中处于第一位。学习者想要学习，必然需要动机的刺激。动机为学习者树立目标，学习者才有动力为达成目标而刻苦学习。因此，教师在教学中必须要激发学生的学习兴趣，激起学生学习的动力，使其将自身的行为和头脑中的期待联系在一起。

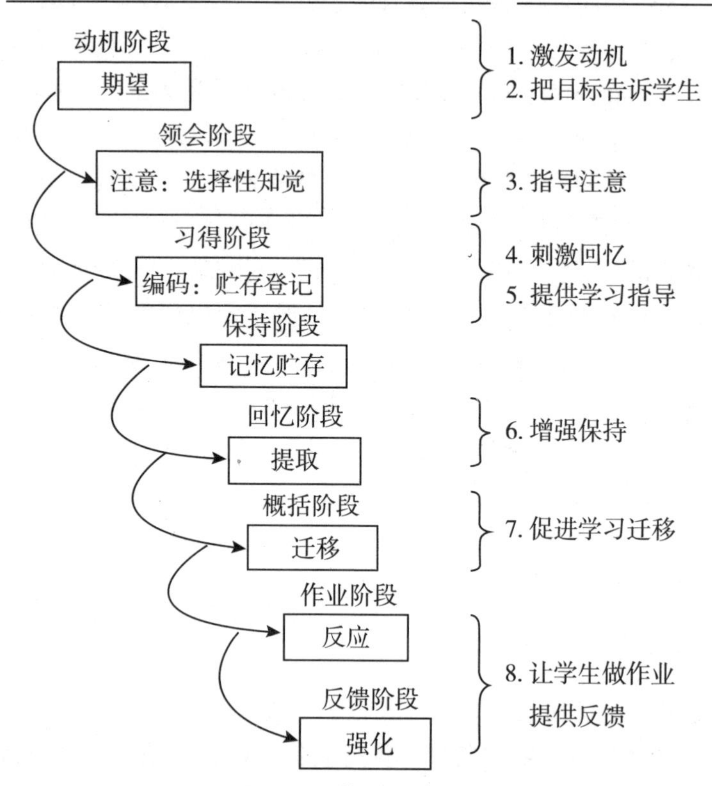

图 4-2　学习阶段与教学事件关系

动机对学生来讲极其重要，甚至会影响学生的整个学习过程。动机就是学生想要实现的目标。学生有了动机，有了要实现的目标，才会朝着这个方向努力，当目标达成时便会收获无与伦比的满足感。

有些学生在某种场合并没有学习的动力，此时老师能做的就是赋予这些学生一定的期望，如学生完成某个学习任务后可给予其一定奖励，从而激发其学习的动机。加涅指出，期望对形成动机有很大帮助，满足学生期望就会使其形成学习动机。

加涅学习理论最关键的特性就是博采众长，将理论用于实践。加涅提出的八个阶段是根据学习的难度划分的，从易到难，每个阶段都明确了学习的外部事件和内部过程，使教师通过恰当的教学方式和内容确保教学活动稳步进行。由于加涅注重教学工作对学生学习的内部条件的影响，所以他特别强调教师的指导作用。加涅的学习理论对远程教育工作者有很大启发作用。由于形成动机或期望是整个学习过程的预备阶段，对学习者的学习起着关键的作用。因此，教育工作者应该了解学习者的动机情况，利用各种教育技术手段和教学策略，有针对性地培养和激发他们的动机，以提高其学习成功率。

（三）促进知识的保持

认知学习理论最关键的问题是如何有效地获取并保持知识。那么，如何才能保证长时记忆中的知识能够有效且长效的保持呢？根据相关理论研究和实验研究的结果可知，以下因素对于促进知识在长时记忆中的保持有重要的影响。

1. 加工深度

在记忆研究领域中，加工深度理论（levels-of-processing theory）是一个极其重要的理论，它是由克瑞克（Craik）等人一起提出的。此理论的基本假设是人往往在不同的深度层次上对各种外界刺激进行心理加工，而只有那些得到深加工的信息才能被长期保持下来。“深层加工”意味着给予信息一定的含义，同时领会信息的深层含义。这种观点得到了实验研究的支持。比如，在一个实验中，研究者向学生呈现了一系列的词汇，一部分学生的任务是根据词汇的意义把它们分为褒义词和贬义词，而另一部分学生的任务是数每个单词中的字母数。在回忆测验中，进行词汇分类的学生比其他学生多回忆了 60% 多的单词。在实际教学情境中，那些能够促进学生对学习内容进行深度加工的教学方法更能促进学生对知识的保持。比如，在一项实验研究中，研究者让中学生用三种方式学习地理：传统课堂教学，传统课堂教学结合实地参观，传统课堂教学结合实地参观以及积极主动的信息分析。12 周之后的测验表明，最后一组学生比其他学生多保持了 30% 的知识。

2. 多元表征

佩维奥（Paivio）提出的双重编码理论（dual code theory）也十分重要，它假设储存在长时记忆中的信息包含视觉形象表征、言语符号表征两种形式。根据此理论，在学习过程中用单一方式表征的信息保持时间肯定没有选用两种形式表征的信息存储时间长。梅耶（Mayer）等人对此开展了 8 个实验，有些实验是针对基于书本的学习，对比了单纯的文字解释（单表征组）和文字解释配合插图（双表征组）两种条件下的学习效果；有些实验则针对计算机环境下的学习，对比了言语讲解（单表征组）和言语讲解配以动画演示（双表征组）这两种条件下的学习效果。由这些实验结果可知，在解决有关问题时，使用双表征组所学知识得到的成绩比使用单表征组所学知识得到的成绩高，大约高出 75%（Mayer，2005）。

3. 应用情境和学习情境的一致性

除了上述因素之外，应用情境和学习情境的一致性对学习者提取、运用长时记忆中的知识有很大影响。当学习者所处的场景与学习场景类似时，学习者能更好地提取并运用自己所掌握的知识。例如，学生通过题海战术进行练习和学习，当学生面对的习题和练习题相似时会得高分。然而，当学生碰到实际问题时，往往会手足无措。因此，教师必须保证学生在真实丰富的情境中学习，才能保证学生在面对实际状况时能更灵活地运用所学知识。这种观点对于当前的情境性学习、真实任务学习有一定的影响，下一章将在建构主义学习理论中对此问题进行专门说明。

二、知识的组织结构

人的一生会学到很多知识，可以是生活经验、学校教育的知识、工作的经历和感悟等。人如何储存这些海量的知识呢？人是把一条一条的知识经验散乱地堆积在头脑中吗？心理学家经过大量研究得出以下结论：每个人掌握的知识必然存在一定的内在关联，这些知识组成的体系并不是一成不变的，而是动态变化的。人的知识结构不仅是这个人开展思维活动、推理活动、联想活动的基础，也是人学习、理解、运用新知识的根本架构。

（一）认知结构

德国的格式塔学派是早期的认知学习理论的代表。“整体不是其各部分的总和”曾是此学派的重要理论。人在认知活动中需将感知到的外界信息整合成有机整体，并在脑海中创建和组织一种格式塔（Gestalt）（或称为“完形”），从整体上理解情境、事物的每个部分以及它们之间的关系，不能只是简单地将每种经验综合到一起。学习本身其实和顿悟类似，仔细观察问题情境，知晓每个部分的组成和相互关系，剖析阻碍解决问题的所有条件，寻找实现目标的捷径，达成学习的目的。在这种思想的基础上，后来的心理学家，如皮亚杰、布鲁纳和奥苏贝尔等，集中发展了认知结构的观点。

美国著名教育心理学家布鲁纳在皮亚杰等先辈理论的基础上发表了自己的观点，指出无论在学习中还是在教学中，认知结构（cognitive structure）都是极其重要的。但是，他并没有精准地解释认知结构的定义，而是笼统地概括了认知结构的内涵。他认为认知结构就是人关于现实世界的内在的编码系统（coding system），是一系列相互关联、非具体性的类目，是人用以感知外界的分类模式，是新信息借以加工的依据，也是人推理活动的参照框架。

人所生活的大千世界如此纷繁复杂，而人的认知系统之所以没有被环境信息的复杂性所压垮，是由于人具有归类的能力。人对于新接触的事件、物品以及人员并不是直接将其归为新刺激，而是寻找他们和自己已知类别之间的关联。比如，见到一个陌生人，我们会判断他的性别、年龄段、职业类型等，从而对这个人形成一个初步的认识，并会选择与这个认识相近的谈话内容和方式。人在和环境产生联系之前，率先创建了一套完整的、有概括能力的、相互联系的分类系统，充当人内在的编码系统，然后人通过这个系统和环境相互作用。人在感知、处理新信息时会先用自己已掌握的类别进行分析，当信息超出已知类别范围时自然属于新类别。如果某种新信息与一个人已有的分类系统全然无关，那么它就会令人感到茫然、不知所措，正如远古时期的人看到月食、极光等现象而感到神秘不解一样。

后来布鲁纳扩展其理论：人在感知外界信息时，不要只用单一类别分析信息内容，可以用相近的类别对其进行推断，并做出一定的预测。举例来说，当我们参观一个自然博物馆，看到各种以前从未见过的动物标本，如看到一种动物长有羽毛和两个翅膀，尽管我们没有见过这种动物，但可以判断它应该是一种鸟，进而推断它会飞、会产卵、会鸣叫……通过归类，我们能将这一类别的内容赋予对应的实际事物，使我们知晓的信息远超感知内容，远超感觉器官。因此，我们将事物分类并概括的过程其实就是获得“超越所给信息”（beyond information given）的过程。学习者会将同类事物根据相应的结构集合在一起，寻找其内在联系，赋予其特殊意义。因此，为学生提供新信息能推动学生更加努力的学习。面对新信息，学生要做的并不仅仅是完全掌握信息内容，还要借助归类、概括、预测知晓更多的内容，从而更充分理解信息。

布鲁纳指出学科结构（disciplinary structure）和认知结构同样重要。一个学科的教学一定要促进学生对该学科的基本结构的理解。学科的基本结构指的是一门学科整体的思维架构和知识架构，这些架构是在该学科的基本定义、原理、方法、态度上得出的，如代数中的结合律、分配律、交换律，物理力学中的惯性定律和实验方法等。掌握这些基本内容能让学习者掌握良好的认知结构，当面对新问题、新知识时，学习者的思维会更完善。这种学科结构的思想对于课程编制和教学过程都很有启发意义，产生了广泛的影响。教学过程不能只注重讲授学科的技巧和事实，关键是让学习者知晓、理解并掌握该学科基本的以及核心的概念、原理、态度和方法，发现其中的内在关联，以基本的结构逻辑将所有散落的知识点串联起来，组成有机统一的整体。

冯忠良十分认同布鲁纳的思想，并在自己的“结构—定向”教学理论中强调教材内容不仅要合理，还要实现结构化，其逻辑结构要准确，而且教学过程也要实现结构化，避免每个部分出现重复或干扰，分崩离析。他认为，那些基本的原理、原则和概念具有广泛的迁移应用价值。因而，在编写教材时，应该把这些内容放在首位，放在主干教材的地位上。当确定主干教材之后，其他的相关知识、技能等都可以从主干延伸。在教学过程中，应该在主干内容上下大功夫，在可以衍生出来的内容上，要放手让学生去思考、推演，切忌平均用力，眉毛胡子一把抓。

（二）认知结构与有意义学习

每个人的知识是有联系、有组织的，组成了对应的认知结构。当学习者学习新知识时，本身的认知结构会影响自己的学习过程。美国教育心理学家奥苏贝尔对于如何在自身认知结构中加入新知识的过程进行了集中研究，提出了新的理论——有意义学习（meaningful learning）。

奥苏贝尔着重强调有意义学习和传统的机械学习（rote learning）差别巨大。他指出，学习的目的是掌握新符号和新语言中蕴含的系统知识，这种学习才是有意义的。传统教育的弊端是学生花费了大量时间却只是在机械地学习各种知识。有意义学习指的是学生在学习过程中，不仅知晓新符号的含义，还能将其代表的新知识与自身认知结构中某些命题或概念、表象、特殊符号等内容产生非人为的（nonarbitrary）、实质性的（substantive）关联。奥苏贝尔同样将皮亚杰的理念进行扩展，用“同化”（assimilation）来阐述获得、保持意义的相关体系。他指出，学生是否能进行有意义学习，是由自身认知结构决定的，而认知结构中的相关理念可以将新知识拉入认知结构中。当学习者想要进行有意义学习，必须合理运用本身认知结构中的相关理念，使其和新知识产生一定的衔接，并充当固定点，将新知识的内在意义转变成自身真实的心理意义，形成自己的理解，从而将新知识吸收到自身原本认知结构之中，同时促使自身认知结构产生相应变化。

奥苏贝尔指出，因为概括知识的水平并不完全相同，所以认知结构拥有多个层次。根据新观念、旧观念对知识的概括水平不同且内在联系有一定区别，他提出下列三种同化模式。

1. 下位学习

下位学习（subordinate learning）指的是将包容范围或概括程度相对偏低的新命题或新概念纳入自身认知结构中包容范围或概括程度相对更高的命题或概念中，获得新命题或新概念的意义，也叫作类属学习。例如，学生学习新知识“杠杆”，知晓杠杆原理，将其纳入认知结构；而后学习定滑轮的知识，把“定滑轮”同化到“杠杆”的概念之下，理解了定滑轮实质上是一种等臂杠杆，就能很容易地理解定滑轮为什么不省力。随着对定滑轮概念的同化理解，学生更能充分理解杠杆的概念：杠杆可以是细长的，也可以是圆轮子的。

2. 上位学习

上位学习（superordinate learning）指的是新命题或新概念的概括水平和包容范围更高，新知识内容和学生原本认知结构中的相关内容形成上位关系，新知识包容旧观念获得新意义。比如，儿童在学习过程中先学到“鱼”“昆虫”“野兽”“鸟”等下位概念，新知识为上位概念“动物”。

3. 组合学习

组合学习（coordinate learning）指的是新命题或新概念等新知识与学生原本的认知结构中相关内容不存在上位和下位关系，而是组合关系，新知识通过与旧观念相互组合产生新意义。例如，学生先学习水流，新知识为电流。在组合学习中，学习者原有认知结构中并没有相近的观念，只能从更大层面中寻找合适的关联点。因此，这种学习通常会更困难。

奥苏贝尔认为，学生在传统教学中只能机械学习的最根本原因就是学生并没有完全掌握先讲授的知识，教师就讲授更为深奥的新知识，导致学生并没有将先讲授的知识纳入自身的认知结构，自然无法为后讲授的新知识提供固定点，教材自然失去本身作用。所以，教师在开展某项教学活动之前必须判断学生是否已经完全具备此次教学的基础知识。如果学生并未具备，那么教师必须在开展教学活动之前先讲授一些具有引导性、准备性的知识。这种引导性知识被奥苏贝尔称为先行组织者（advanced organizer），它在学生现有认知结构和新知识之间搭建一座大桥，便于学生更好地学习、理解、掌握新知识。

总之，人的知识是相互联系、按照一定的结构组织起来的，而有效的知识组织方式对于新知识的获得以及知识的保持和灵活迁移应用都具有重要的意义。新知识必须与学习者原有认知结构中的适当观念建立实质性的联系才能获得意义。但总体而言，布鲁纳和奥苏贝尔对认知结构的解释还很笼统。不同类型的知识的具体结构是怎样的？一个领域中的专家和新手在知识结构上有什么不同？如何帮助新手尽快拥有和专家类似的知识结构？这是后来的认知学习研究所着重回答的问题。

第三节　人本主义学习理论

20 世纪 50 年代末 60 年代初，科学技术发展迅速，人类社会出现变化，人本主义心理学开始登上历史舞台。当时，人类依靠科学和技术的飞速发展获得巨大效益，一时间“科学主义”成为当时最重要的精神内核，所有的事物都追求精确化、程序化、技术化、科学化，而人类的需求、价值、情感全部搁置一旁。从教育教学方面来说，教师在开展学校教育、教授学生知识的过程中忽略学生的理解，单方面地灌输各种知识，这是对学生极大的不尊重。人本主义心理学家认为，美国这种教育模式违背了学校教育的初衷，必须改革。学校教育的核心一定是学生，开展一切教学活动的基础是学生的心理需求，所以教师要通过教学活动激发学生的内在潜力，培养学生的主动性和创造性，使学生成为健康、快乐、充实的人。以罗杰斯、马斯洛为首的人本主义心理学家们对美国教育模式的批判间接地推动了人本主义心理学逐步渗入并应用在教育方面，促使人本主义学习理论的产生。

人本主义学习理论的基础就是人本主义心理学的基础理论。人本主义坚信学习的过程就是人实现自我固有能量的过程，尊重人的尊严，重视人的价值，在人成才过程中发挥关键作用。该理论认为，教育活动以及教学活动的根本目的就是推动学生个性发展，发掘其内在潜力，使其养成主动学习、积极学习的习惯。

人本主义教育心理学家认为，人和动物有着本质的区别，人对创造、审美、认知、友爱等人性需求或人生价值的追求是自发的、不受外力影响的，而动物绝对不具备这些内涵。因此，他们根本不认可用动物实验的结果推导人学习过程而得出的结论。他们认为，研究学生的人格发展可以从学生整体来分析，也可以对特殊案例进行详细分析，鼓励外在社会教育和内在自我教育一同发挥作用，提升学生的基础智能水平，保证其在自身特殊性的基础上实现社会化，成为德、智、体等全方位发展的人。

一、人本主义关于学习实质的看法

人本主义心理学家认为，开展教育活动、督促学生努力学习的真正目的是培养学生成为思想自由、适应能力强的新时代人才。因此，他们积极推行“有意义学习”，抵制“无意义学习”，并阐述了有意义学习的原则和条件。下面，笔者从学习的结果与教学的目的、学习的类型与过程、促进有意义学习的条件这三个方面对人本主义学习理论的主要观点进行阐述。

（一）学习的结果与教学的目的

从学习的最后结果分析，人本主义心理学家并不认可以刺激和反应连接为核心的行为主义，也不认可以创建认知结构为核心的认知主义，他们认为学习的最终目的和结果都是帮助学生塑造并发展完整的人格，使其成为有作用的、全方位发展的人。面对世界飞速发展和变化日新月异的客观事实，他们提出只有学会如何学习和适应变化的人；意识到没有任何可靠的知识，唯有寻求知识的过程才可靠的人。这样的人才能真正地实现自我，才能不断适应社会的各种变化，从而真正地在社会中生存。因此，学生学习的最终结果甚至是唯一且合理的结果就是成为一个随时适应时代变化、内心自由、思想自由的人。换言之，学生在学习之后要成为能从事自发的活动，并对这些活动负责的人；能理智地选择和自定方向的人；是批判性的学习者，能评价他人所作贡献的人；获得有关解决问题知识的人；能灵活和理智地适应新的问题情境的人；在自由和创造性地运用经验时，融会贯通某种灵活处理问题方式的人；能在各种活动中有效地与他人合作的人；不为赞许，是按照他们自己的社会化目标工作的人。人本主义心理学家认为，如今的学生最有效的学习过程就是“学习如何学习”，即学习学习过程。学生学习的核心并不是掌握学习内容，而是掌握内容的形成过程。对教师来讲，学生掌握某些“需要知道的东西”并不意味着教学课程结束，只有学生掌握“需要知道的东西”如何形成及应用才算是真正结束。

因此，人本主义者认为，教育活动必须围绕学习者开展，教育活动的目的就是激发学习者的潜力，促使学习者个性发展，保证学习者能快乐、主动、创造性地学习和工作。一言以蔽之，教育就是为了培养积极主动、身心愉悦健康、适应能力强的人。马斯洛（Maslow）指出，教育的目的就是培养和发展学生的个性，帮助学生将自己视作特殊的个体，认识自身，发掘自身潜力。罗杰斯（Rogers）指出，教育的目的就是促进变化和学习，培养能够适应变化和知道如何学习的人。他曾说，在现代世界中，变化是唯一可以作为确立教育目标的依据，且这种变化取决于过程而非静止的知识。而康布斯（Combs）则认为教学的根本目的就是促使每个学生形成“自我”，不能让学生只知道“我要做什么”，也要知道“我是谁”。这样做不但对他们的情感、理想、才能等有很大影响，还能引导他们去做某些决定。

（二）学习的类型与过程

人本主义依照学习对于学习者有无个人意义而言将学习分成两大类：有意义学习和无意义学习。有意义学习指的是引起学习者个性、态度、行为以及未来选择等方面出现变化，促使学习者成为完整个体的学习。而无意义学习指的是只增长知识、积累经验，不具备情感或个人意义的，与学习者成为有理智、有情感的完整个体无关的学习。有意义学习的主要特性有以下几点：第一，学习与学习者个人关系颇深。学习者在学习过程中不仅注入了自己的认知、情感甚至整个人都投入其中。第二，学习是学习者自主进行的。即使学习者学习是受到外界的刺激或推动，但最终决定学习，发现、理解、掌握知识的行为仍然是学习者内在决定的。第三，学习具有极强的渗透性。学习者在学习过程中，自身的个性、态度、行为都会产生一定的变化。第四，学习者需要对学习进行自我评价。学习者通过自我评价可以明确此学习内容与自己的需求是否完全相符，学习内容能否让自己学到想学的知识。

人本主义学习理论认为，学习者容易学习并保持的内容是那种有益处、有效果、有价值的概念和技能，而且在学习这些内容时，学习者会将自身的情感、认知等各个方面投入其中。此理论坚决抵制逼迫学生学习各种知识的“无意义学习”，提倡进行“有意义学习”，即重视学习内容对学生的个人意义，通过满足学生的兴趣、愿望、需求等各种因素和学生进行深层交流。简单来讲就是学生只有开展有意义学习才能真正提升教学效用。罗杰斯指出，有意义学习把逻辑与直觉、理智与情感、概念与经验、观念与意义等结合在一起。在以这种方式学习时，学习者就成了一个完整的人，成了一个能够充分利用自己所有阳刚和阴柔方面的能力来学习的人。他还指出，人生来就有学习的内在潜力，所以教师在教学过程中不能强迫学生学习那些无意义的知识和内容，而是应该高效运用学生的内在潜力，开展有意义学习。具体的讲就是教师在教学过程中要以学生为中心，尊重学生的选择，教授一些对学生有意义的知识和内容，帮助学生充分理解和掌握其内涵，长此以往，学生自然会愿意学习、寻求发展、探索发现、希望独立、要求创造。

人本主义学习理论认为，学生学习的过程就是学生在某些条件下，通过学习发掘自身内在潜力，实现自我的全过程。学习过程与学生形成和发展“自我”关系极为紧密。因此，罗杰斯认为，学习其实就是学生通过主动学习、自主学习增长自身经验的过程，也叫经验学习。

（三）促进有意义学习的条件

罗杰斯指出，当教师创建和谐、民主、自由的学习环境，学生在其中感受到诚挚的关怀，自然会开展有意义的学习，实现自我成长和自我价值，变成一个有用的人。从罗杰斯的角度分析可知，教师的任务是为学生学习创造必要的条件，提供相应的方法，推动学生全面发展，而不是行为主义注重的教授学生学知识，也不是认知主义注重的教授学生如何学。因此，罗杰斯认为可以取缔传统教授知识的教师，通过创造一种新的角色促进者（facilitate）来代替教师的作用。人本主义心理学家提出了促进有意义学习的基本条件：

（1）明确并凸显学习者在整个教学过程中的核心地位，所有教学活动必须围绕学生开展。根据人本主义理论，教师不再是领导者、权威所有者，而是转变成了“催化剂”“助产士”，教师的作用就是尊重学生的内在潜力，并进行适当的引导和开发。在教学过程中，教师和学生之间的关系是亲密无间的，但开展一切活动都要仰仗学生的自我指导能力，即学生自己主动开始学习，积极、负责任地参与其中。具体的讲就是学生自己挑选学习的方向、搜集学习资源、分析遇到的问题、确定行动路线、承担全部后果，通过自我评价确定学习的效用等。在这种情况下，学生可以根据自身的学习进度及时调整自己学习的方方面面，某种程度上来说，学生就是在进行有意义学习，不但能提高学生的自信心，还能提高学生的自主性、创造性、独立性。

（2）使学生知晓学习内容和自我有一定的内在关联。当人学习的内容与自我有关时，自然会全神贯注、努力学习，开展有意义学习，学习的效率和成效也会相应地提高。一个良好的学习氛围对学生的帮助也很大。当师生之间的关系十分融洽、和谐，学生能感受到认可、理解、关爱和友谊时，学生会不断地成长，不但能深入且高效地学习，还能健康地生活。罗杰斯认为，当周边的学习氛围十分友善，学生在学习过程中不会感受到威胁，自然能运用各种各样的方式努力学习，实现自我成长和自我价值。但是，当学习氛围不太友好，学生可能会受到轻视、辱骂、嘲笑，学生会在学习过程中感受到严重的威胁，甚至直接改变自我，根本无法专心学习。人本主义学习理论认为，在实践中学习是实现有意义学习的重要方式。例如，让学生直面真实问题，身处其中寻找解决问题的方法，更能促使学生努力学习。或者创建真实的情境，让学生直面与自我有关的或与自己意义有关的问题。因此，教师必须要不定时地提出一些和教授内容相关的、学生需要现实面对的问题，只有这样，学生才能真正地、全神贯注地学习。

二、人本主义的典型教学模式

人本主义心理学家依照人本主义理论中关于学生学习的条件以及性质的概念设计了一些课堂教学模式，主要有下列几种。

（一）以题目为中心的课堂讨论模式

这种模式参考了科恩（Cohn）在1969年创立的“以题目为中心的相互作用心理疗法”，是在学校教育中引入这种心理疗法模式后创建的教育模式。此模式的关键就是提出一个让教师带领所有学生一起探讨的题目，这种模式促使学生之间、师生之间相互交流、相互促进。应用此模式，教师必须要及时发现学生碰到的问题，提出与学生问题相关的讨论课题，推动课堂讨论。教师可以用各种各样的方式推动课堂讨论，同时在教学过程中必须展现人本主义的特性，如尊重学生、准许学生提出自己的意见、准许其他学生提出不同意见、听取完全相反的建议。

采用该模式要遵循以下原则：

（1）学生在参与课堂讨论时，必须要全身心地投入，同时为了保证每个人都能从讨论中收获一定的心得体会，发言者可以就最近生活碰到的问题谈论自己的看法。

（2）每个学生在参与课堂讨论时要彰显自身的特殊性、个别性，发现并掌握自己的自主权；教师对于每个学生的发言都要表示赞许，鼓励学生展现自我，确保每个学生都能从课堂讨论中收获独特的意义；建议每个学生在发言时选用更加主观的、肯定的措辞，如“我确信”“我的感受”等。

（3）避免一直探讨一个题目，防止达到饱和、疲劳状态，对于学生偶尔偏题的行为不予批评，但要提醒学生注意讨论的核心。

（二）自由学习的教学模式

这种模式最主要的特点就是自由。罗杰斯认为，教师不应强制干涉学生的选择和追求，学生必须顺从自己的心意选择学习目标，遂提出这种教学模式。这种模式更适合大学教学，主要内容如下：

学生可以决定教师的授课方式以及教学内容。教师在授课之前可以询问学生，了解他们喜欢的授课方式和学习内容。有时，甚至是授课的主要材料、主题、形式以及时间都可以由学生决定。

学生可以决定学习的信息源和学习方式。学生有权从各种各样的信息源以及学习方式中选择任意一种来学习新内容，如录像、录音等视听设备，与专家学者交流或者向其咨询、外出郊游等方式。课堂发言也是学生学习的重要方式之一。罗杰斯认为，每个学生都有自己擅长的方面，也有自己不擅长的方面，当学生选择自己擅长的方面时更愿意和其他学生分享自己的收获，而教师的作用就是在学生发言时给予适当的鼓励，减轻学生的心理压力。

师生之间签订契约。“自由学习”并不代表教师完全不管，放纵学生，而是选择新型的契约法充当学生和教师之间的约定。教师和学生之间许下一个口头承诺或签订一份书面契约，明确学生在这个学期要完成的工作数量和工作类型，以及完成后可获得的分数。这种方式会让学生感受到安全和秩序。

课堂结构的安排要富有变化。罗杰斯认为，在教学过程中合理安排各种类型的课堂结构或者将同一类型的课堂结构作出不同安排，可以吸引兴趣和需求不同的学生参加，实现快乐学习和有意义学习。

学生自行评判学习成效。教师和学生共同商定不同级别的解题水平、写作水平对应怎样的分数，再由学生自行评判自己所得的分数，如学生可以依据自身的写作基础以及自己的写作水平给自己的作文评写一个分数，也可以要求教师充当指导者给自己的作文评分，当教师的评价和学生的评价差异巨大时，可开会讨论如何解决这个问题。

（三）开放课堂的教学模式

此种模式最早是韦伯（Weber）于1971年提出的，主要用于婴幼儿教学。英国率先应用此模式，后被美国教育界采纳并不断推行，如今美国大部分学校都在应用这种教学模式。

开放课堂意味着无拘无束、不拘泥于形式，所以并没有一个十分准确的概念，但可以描绘阐述开放课堂的内蕴。如果学校采用开放课堂教学模式，学生在进入学校之后可以随心而为，自由选择喜爱的科目，可以是阅读、写作，也可以是编织、绘画，而且不用局限在某个区域或课堂之中。开放课堂中，学生可以从事自己感兴趣的活动，同时课上、课下也不再是约束条件，学生随时都能继续自己的学习活动。如果是休息时间，学生可以继续学习活动，也可以去愉快地玩耍，如喂养小动物、散步等。

此种模式下教师的作用极其重要。教师可以从旁引导和鼓励学生开展某项活动，然而，有些专家认为，如果课堂上没有教师，学生仍然会学习到新的知识。因为在这种课堂中，学生所从事的活动是学生自发的，符合他们兴趣而没有任何强迫色彩的。在教育过程中，尽管教师并不要求某个学生去从事某项特殊的活动，但是可以对活动提出建议，如在临近下课时，教师可以要求某个学生停止他的特殊活动。开放课堂模式下的教师最重要的工作就是在恰当的时间引导学生和学习产生一定联系，而想要实现这个目标，教师必须掌握所有学生的信息，同时密切观察每个学生的爱好、长处，创建对应的档案，将适合的活动介绍给学生，同时在一旁加油、打气，给予鼓励和支持。当学生在做决定时，教师可以给予学生认知的输入，这些输入的内容对学生具有催化作用，且是符合教育规律的，对学生学到更多知识有很大帮助。

由此可知，人本主义理论下的课堂教学模式与人本主体学习理论的思路是一致的，具体表现为对学习者的尊重，将其视为学习活动的主体；尊重学习者学习的需求、情感、意愿；坚信学习者能够发掘自己的内在潜力，实现自我成长和自我价值。

第五章　学习与学习动机

第一节　学习概述

一、学习的界定

一提起“学习”，人们往往联想到知识和技能等内容，学校、教室和图书馆等场所，以及上课听讲、做作业和做实验等活动。实际上，人从出生（甚至更早）就开始了学习，在日常生活中的每一天都在学习。

学习是个体在特定情况下由于练习和反复经验而产生的行为或行为潜能的相对持久的变化。但是，并非所有的行为变化都是由经验引起的，有些行为变化也可以由本能、疲劳、适应和成熟等引起，由这些引起的行为变化就不能称为学习的行为变化。个体在出生时表现出来的特性（如对饥饿或疼痛的反射和反应）也不是学习。成熟是在正常的环境条件下由遗传导致的变化，也不是学习，比如个子越来越高。成熟往往与学习相互作用，而引起行为的变化。例如，学习走路是一个发展的过程，但也取决于爬行和其他活动的经验；青春期的性冲动不是习得的，但是学习也决定着个体对预期伴侣的选择。学习的行为变化是比较持久的，而由疲劳、创伤和药物所引起的行为变化都比较短暂，并且行为水平低，一旦原因被排除，行为就能恢复到原来的状况。

学习引起的行为变化，有时是直接的。当然这种变化并不一定马上发生，有时学习之后要经过很长时间才能出现行为变化。有的心理学家将它视为行为潜能的变化。然而，认知学习理论家则认为，学习的发生引起内部心理结构的变化，故直接将其视为思维的变化。当然，无论是思维还是潜能的变化，都是比较持久的。学习不同于由外界环境引起的行为微小变化。例如，一个人走在人行道上，为了避免撞到另一个人而向左转身，在这里，他并没有学习，因为这种行为并不能对他的思维、情感或行为方式产生长期的影响。

学习总是通过操作表现出来，但学习与操作表现不能等同。学习的表现有时可多于学习，有时可少于学习，这要视学习个体的具体情况而决定。例如，学习后的记忆不同，学习对动机的激发不同，学习的操作表现也就不同。

产生学习的方式有很多种。有时是有意识的，如学生学习课堂上呈现的信息；有时又是无意识的，如一个小孩看到手拿注射器的医生就感到恐惧，这肯定是习得的行为。这个小孩已经学会把注射器与疼痛联系起来，当他看到注射器时，身体就会出现情绪反应。这种反应可能是无意识的和不随意的，但毫无疑问是习得的。

二、学习的分类

学习现象极为复杂，涉及不同类型学习者、内部过程、外部影响、内容、形式以及结果等。学习理论家们与学习心理研究者们从不同角度对学习进行了分类。

（一）按学习水平分类

1970 年，加涅根据学习的繁简程度将学习分为八种水平。

（1）信号学习。经典性条件作用学习，学习对某种信号作出某种反应，其过程是刺激—强化—反应。

（2）刺激—反应学习。操作性条件作用学习，其过程是情境—反应—强化。

（3）连锁学习。一系列刺激—反应的联合。

（4）言语联想学习。由言语单位所联结的连锁学习。

（5）辨别学习。识别多种刺激的异同并对之作出不同的反应。

（6）概念学习。对刺激进行分类时，学会对一类刺激作出同样的反应，也就是对事物的抽象特征作出反应。

（7）规则学习。了解两个或两个以上概念之间的关系。

（8）解决问题的学习。在各种情况下，使用所学规则去解决问题。

1971 年，加涅对这种分类进行了修正，把前四类学习合并为一类，把概念学习扩展为具体概念和定义概念学习两类，最终将学习分为六类，即连锁学习、辨别学习、具体概念学习、定义概念学习、规则学习、解决问题的学习。

（二）按学习方式和学习材料与学习者原有知识的关系分类

奥苏贝尔等人根据以下两个维度对认知领域的学习进行了分类。按照学习进行的方式，学习可分为接受学习和发现学习；按照学习材料与学习者原有知识的关系，学习可分为机械学习和有意义学习。这两个维度互不依赖，彼此独立，并且，每一个维度都存在许多过渡形式。

（三）按学习的意识水平分类

1. 内隐学习

内隐学习（implicit learning）是指有机体在与环境接触的过程中不知不觉地获得了一些经验并因之改变其事后某些行为的学习。例如，人们能够辨别哪些语句符合语法，却不一定能够说出这些语法规则是什么。

内隐学习这一概念最早是由美国心理学家雷伯（Reber）提出的。1978 年，雷伯等人在研究概念形成问题时，设计了一种他们称为人工语法学习（artificial grammars learning）的实验，通过这样的语法，他们组合出了很多字符串，并将其叫作串词。在这些字符串中所用到的人工语法和被试掌握的自然语法毫不相关。他们将被试分成了两组，一是控制组，主要学习的是无规则排列的字母串；二是实验组，主要学习的是串词。同时，要求这两组都要利用机械的记忆去学习这些字母串。实验结果表明，实验组对于字母串的记忆和加工更加擅长，但是控制组却没有表现出这样的变化。在要求被试根据是否含语法对字母串分组时，控制组的成绩也不如实验组，并且差距极为明显。雷伯表示，实验组之所以表现更好，那是由于他们已经掌握了隐藏在学习材料中的规则，也就是人工语法。然而雷伯表示，如果想用语言清晰地表述出他们在学习过程中掌握的规则是很困难的，不过，这些规则并不容易被忘记，且可以长时间使用。这样在无意识中通过规则的运用而进行的学习，雷伯将其称为内隐学习。

内隐学习的现象出现在很多领域，如第二语言的学习、社会行为的习得以及运动技能的完善等。在对一项普通的接球运动进行研究时发现，这样的一项普通技能背后隐藏的规律却是非常复杂的：如果对增长速率及任何角度的线性变化控制好以后，不管抛球的角度、接球人跑的方向、发球的速度怎样变，运动员都可以顺利地把球接到手。运动场景之所以复杂且总是发生各种变化，是因为其内在的规则十分复杂。这样的规律要想用语言去形容是非常难的，只能在多次的联系中自行去感受、去掌握。这样的直觉就是在实际中已经对运动技能的规律有了基本的了解，但是还没有将其上升到意识水平。

通过对内隐学习研究后发现，在对比较复杂的任务进行学习时，人们习惯通过内隐的直觉方式去学习。因此，在教育领域可适当倡导内隐学习的方式。例如，可以让学生先到体现数学概念的具体游戏中去玩，然后再谈学习。目前，学校对学生的考查往往通过言语提问，但是从内隐学习的理论中可以看出，作业的提高并不必然体现在人们回答言语问答的能力上，而且有时人们也不能描述他们所知道的。所以，结合内隐学习的研究，教师在考核学生时，操作、行为和言语同样应该得到更高的重视。

语义记忆（semantic memory）指对语义（包括语词、事实、概念和理论等）的记忆，即对陈述性知识的记忆。这种记忆在学校中是非常重要的。这种记忆不是与特定的经验相联系的，而是以命题、表象和图式的方式存储的。事件记忆（episodic memory）指在长时记忆中与特定的时间和空间相联系的信息，尤其是对个人生活中事件的记忆。事件记忆涉及人们所经历的事件，因此人们能够解释是在什么时间发生的。相比之下，我们不能描述什么时间我们获得了一个语义记忆。例如，一个人可能难以记住是在什么时间获得“窘迫”这一词语的含义的，但能记住遭遇窘迫的时间。事件记忆也能保持事件的顺序，因此我们能够记住从小说、电影中得来的笑话、闲谈和情节。

内隐记忆包括三种类型：经典性条件作用、程序记忆和启动效应。

在经典性条件作用（classical conditioning）中，某些并未觉知的记忆可能导致对考试的焦虑，或者轮到自己上台演讲时心跳加快。程序记忆（procedure memory）涉及对技能、习惯以及做事过程的记忆。人会花时间学会某种程序，如滑冰、打乒乓球中的抽球、解方程等。但是，一旦学会，就能长久记住这些知识。程序练得越多，动作就越自动化，记忆就越内隐。启动效应（priming）指早已存储在长时记忆中，通过某些并未觉知的过程而导致目前处于激活状态的信息，即在记忆中激活一个概念，或者从一个概念向另一个概念激活。例如，在本章中，由于“学习”一词频繁出现，在我们头脑中与之相关的其他词语就容易被激活。

2. 外显学习

外显学习是有意搜寻或把规则应用于刺激物领域的学习。在外显学习的过程中，人们的学习行为受意识的控制、有明确目的、需注意资源、要作出一定的努力。外显学习包括试图形成任务的心理表象，搜寻同功能系统知识的记忆，以及试图建立和检验任务操作的心理模型。

3. 内隐学习与外显学习的区别与联系

（1）内隐学习与外显学习的区别：

首先，内隐学习是自动的，外显学习是通过意志努力的。内隐学习和外显学习都属于学习这一知识获得的范畴，同在学习这个上位概念之下。自动性主要是指知识的获得是无意识的，为内隐学习和外显学习的区分提供了最直接的标准。内隐学习和外显学习在自动性上的区分意味着，外显学习是需要意志努力的、有目的的，学习者自始至终意识到的；而内隐学习则是学习者意识不到的，没有直接获得知识的目的。

其次，内隐学习是稳定的，外显学习是易变的。内隐学习从学习过程到学习结果都是稳定的，不易受其他内外因素的影响；而外显学习则会有不同的学习效果。与之相比，内隐学习的稳定性表现在以下四点：一是较少受到神经系统损伤的影响；二是年龄因素对内隐学习影响不大；三是内隐学习具有较小的个体差异和总体变异；四是内隐学习较少受到分心任务的影响。

再者，内隐学习是抽象的，外显学习是表层的。也就是说，内隐学习和外显学习在最终获得的知识方面存在差异：在学习情景十分复杂的情况下，如人工语法，人们通过外显学习难以从刺激复杂结构中发现背后真正的规则，往往会停留在表面层次，因而获得的知识在抽象度上处于较低状态；而在内隐学习条件下，尽管人们在整个学习过程中并未意识到，学习获得的规则知识也是说不清、道不明难以外显表达，但此时获得的知识，是在学习阶段接触的所有刺激样例基础上进行的抽象提炼，具有更高的概括性和一般性。

（2）内隐学习与外显学习的联系：

首先，两者都具有学习特异性。所谓学习特异性，是指学习过程会对各种信息进行特异的编码，导致对学习效果的测试依赖于学习和测试的情景、方式、上下文关系等因素的一致性。两者也都具有迁移惰性，即当学习任务和测验任务不相匹配时，学习内容的提取效果就会受到影响。

其次，两者都有注意需求性。注意需求性是指学习过程需要一定的注意资源和注意选择。内隐学习的注意需求性除了体现在对资源的需求上，还体现在主动的注意选择加工上。外显学习是一种有目的的指向、需要意识参与的过程，它对注意的需求性是无可厚非的。

再者，内隐学习和外显学习都需要一定心理能量的支持。相对而言，外显学习对心理能量的阈限比较高，而内隐学习则可能在阈限较低，较少的心理能量下也能进行，表现为更多的自动性。内隐学习和外显学习的发生都需要受到被试主动的选择加工，只是外显学习的要求更高，要求学习的各方面都纳入注意范围；而内隐学习则阈限较低，只要求内隐学习所容纳的各种感知因素被纳入注意选择的范围。

（四）按教育性质分类

按照教育性质进行分类，学习可以分为正式学习与非正式学习两种基本形式。正式学习（formal learning）指在学校的学历教育和工作后的继续教育中发生的学习，是通过课程、教学、实习以及研讨等形式进行的。非正式学习（informal learning）指由学习者自主的，在非正式的学习时间和场合通过非教学性质的社会交往而进行的学习。

正式学习与非正式学习的区别不在于学习发生的物理位置。即使在学校，学生也可能进行非正式学习。例如，与同伴进行交流互动、玩耍游戏以及接触各种信息媒体等。非正式学习在生活中随时都能发生，如家庭中父母说教、旅游观光、网络通信和聊天、观看电视与电影等。对于非正式学习，可以在任何地方进行，不局限于专门供学习者学习的教室，且没有明显的制度性及组织性，不管是博物馆、动物园还是运动场、活动中心等，都是非正式学习的学习场所。

除了以上分类，学习还有以下几种分类：机器学习、动物学习和人类学习；知识学习、技能学习和品德学习；初级学习和高级学习；认知领域、情感领域和动作技能领域的学习等。其中有些分类将在后面章节中进行阐述。

三、学习理论的发展

在心理学领域，历史最久远、最重要发展也最好的理论之一就是学习理论。在心理学还没有被分化成独立学科的时候，就有很多哲学家对学习理论进行了大量的研究。比如，我国的教育家孔子、古希腊的亚里士多德等就针对学习记忆做过很多的研究，并提出了很多对后世影响巨大的理论和思想。19 世纪，心理学成为独立学科之后，便开始对学习的性质、规律、动机、策略等方面进行了研究，使人们慢慢对学习的本质有了一定的了解，并且形成了学习理论。学习理论的研究想要解释的是学习是怎样产生的、学习的规律有哪些、学习的过程是怎样的，怎样才能实现学习的有效性。

一百多年来，心理学家在探讨学习的规律过程中，由于其哲学基础、学科背景以及研究方法不同，所以自然地形成了不同观点。这些不同观点构成了不同的学习理论流派，彼此存在着争论和歧见。下面简单介绍几种学习理论的发展过程。

（一）现代学习理论

心理学作为一门独立的学科是从德国心理学家冯特（Wundt）于 1879 年建立第一个心理学实验室开始的。冯特对研究人类意识经验有兴趣，他试图把意识分为许多最小的构成要素，像物理学中研究原子、化学中研究元素一样，在心理学中对这些最小的要素进行研究，使之成为一门“真正”的科学。由冯特所领导的第一个心理学派被称为构造主义学派。像哲学中的联想主义学派一样，他相信心理是由观念的各种结合组成的结构。如果能发现这种结构，分析思维的要素，就能系统地研究人类的意识。那么，如何来分析思维的要素呢？构造主义者用的主要工具是内省（自己反省）或称自我分析，即先训练被试在感知一个物体时详细报告其即时的经验——“原始”经验，而不是报告对该物体的解释。

冯特的构造主义很快遭到了来自心理学各学派的批评。以威廉·詹姆斯（William James）为创立者的机能主义学派在其极有影响的《心理学原理》一书中批评道，意识是不能还原为元素的，相反，意识作为一个整体起作用，其目的在于使有机体适应环境。杜威（Dewey）也是机能主义学派有影响的人物，他指出孤立地研究一个元素单元纯属浪费时间，因为忽视了行为的目的。心理学的目标应该去研究行为对适应环境的意义。机能主义心理学对学习理论的主要贡献在于他们不是去研究一种孤立的现象，而是研究意识与环境的关系。他们反对构造主义的内省法并不是反对它用结构主义研究意识，而是反对它还原为元素的还原主义。他们不反对研究心理过程，而是坚持应该研究这些过程与生存的关系。

以韦特海默为首的格式塔学派形成于1910年德国的法兰克福大学，他们强调经验的整体性，批评冯特的元素主义看不到人类经验的真实性，犹如音乐家如果把每个音符分开就永远听不到主旋律一样。整体不是其部分的总和。如果只研究部分或各要素，会把研究引入歧途，因为当各要素从其背景中分割出来时，它们往往已与原来在背景中的表现不同。比如，如果人只去研究一部电影的每一帧画面，就永远不会了解整部电影讲的是什么。

以华生为首的行为主义学派非常不赞同冯特将内省法当成科学研究的工具。他们对研究元素是比较赞同的，但却不赞同发现这些元素的途径。华生表示，只有被试的外显行为才可以被观察到且能够采用科学方法进行研究，如果想要研究意识只能通过内省法，意识和外显行为之间没有作用关系的话，就应该将内省法从心理学中排除出去。

来自各方的批评使构造主义学派成为短命的学派，而且在冯特和铁钦纳那一代人中就结束了。但是各学派所提出的那些反对声音反而推动了心理学的发展。尤其是格式塔学派及行为主义者都从不同角度对构造主义进行了抨击，长此以往，就逐渐变成了两个学派之间的互相抨击。

（二）行为主义学习理论

机能主义是最初起来反对构造主义心理学派的。随后，一些心理学家逐渐认为，似乎根本不必去研究意识，并且为了使心理学研究完全客观化，心理学必须以行为作为其唯一的研究对象。华生积极地接受了这种观念，并公开打出了行为主义学派的旗号。他认为，为了使心理学真正成为一门科学，它必须使其对象能得到可信的测量。该对象就是行为，在行为主义的科学中，对行为的解释是不允许牵涉心理过程的，因为这些过程是不能观察到也是无法测量的。

华生在反对内省和研究意识、倡导研究行为的过程中发现，巴甫洛夫条件反射相关的研究对自己的理论研究有很大帮助。条件反射能被观察到，用它代替冯特看不到的意识元素是非常合适的。华生也很快发现，条件反射可对一切学习行为作出解释，也就是能够对刺激和反应间的关系进行解释。华生认为，心理学是从自然科学中分出来的，它的理论目标就是对行为进行预见并且对行为进行控制，就连人格也仅仅是很多条件反射集合而成的。他还表示，人天生就有很少的反射和一些基本情绪，如喜欢、愤怒、恐惧等。在经典性条件的作用下，这些反射会和很多刺激结合起来，学习便自此产生。他认为，并不存在先天性的素质和心理能力。在华生和赞同其理论思想的心理学家的影响下，行为主义观点在半个世纪的时间里都在学习理论的研究中处于主导地位，对美国的心理学产生了非常大的影响。

（三）认知派学习理论

德国有一个极为著名的学派叫作格式塔学派，它是认知学习理论的先导。该学派也是最开始反对构造主义和元素主义的一个学派。格式塔其实是德语里的一个词语，是“完形”的意思。这个学派认为，思维不是表象的集合，而是有意的知觉，具有整体性。以韦特海默为代表的心理学家认为，思维被结构主义还原成基本元素，行为被行为主义还原成习惯、刺激或者是条件作用，两者均为还原主义。格式塔学派对于还原主义持反对态度，主张学习是顿悟，是将一种完形改为另一种完形。顿悟的发生过程就是有机体面对一个问题时，会从认知上出现不平衡的情况，而这样的不平衡有着动机性质，会促使有机体去解决这一问题，从而改变内心不平衡的情况。问题最终是在顿悟的作用下得以解决的。格式塔学派强调理解和创造性，这些都是认知学习理论的组成部分。他们也针对学习提出过很多学习律，如场论、完形趋向律等。

格式塔学派作为早期认知理论，虽已显现出其对学习的许多合理解释，如强调人类学习与动物不同、认知结构、创造性等，并且这些都为现代认知心理学奠定了基础。但是，在遗传环境的作用问题上，他们强调遗传的作用，主张内省法，未能与传统的唯心主义哲学划清界限。这些使格式塔学派在当时缺乏行为主义学派所具有的说服力。

20 世纪 60 年代，行为主义的统治地位才因为心理学中的“认知革命”而让位。认知学习理论家集中于人类学习的研究。认知派理论朝两个方向发展：一个方向是认知主义，即信息加工论，将人脑比拟为电脑，探讨人对信息的加工过程，安德森（Anderson）、西蒙（Simon）和加涅等是杰出代表；另一个方向是新结构主义，即建构主义，这种理论倾向认为，人类的学习是经验的重组、认知结构的获得和建构过程。这种思想源于皮亚杰的非凡工作。皮亚杰的认知结构思想吸取了格式塔学派关于学习的认知和组织的观点，但是他更强调有机体与环境的交互作用通过同化与顺应取得与环境的平衡，从学习理论上更强调建构的作用。皮亚杰认为，儿童获得知识和道德价值观都不是从环境中直接将知识内化，而是将新知识与已有知识联系起来，从内部通过创造、协调来建构知识。皮亚杰的理论在 20 世纪 60 年代被介绍到美国以后，得到了广泛的响应与研究。在教育心理学领域最有影响的是奥苏贝尔的有意义接受学习论和布鲁纳的发现学习论。这二者都重视所学内容结构的重要性。

由于皮亚杰思想的影响，最初的建构主义者将学习的过程定义为儿童进行自我探索、发现、建构的过程。20 世纪后期，维果茨基提出很多相关理论，在其影响下，西方的教育心理学提出，知识是在社会建构的影响下发展的，这样的建构形成于两个以上不断交流的社会环境中。因此，便相继出现了交互作用教学、合作学习等教学和学习方法。通过和别人的讨论来丰富自身的知识，使自己的认知结构得到扩大，从而将自己认定的概念明确地说出来，对一些和他人不同的观念进行检验，从而对自己的观念进行改进或者重新建构。在这样的社会性的建构下，学习者的认知体系将会健康发展。

（四）人本主义学习理论

20 世纪中期，美国因为政治等因素的影响，社会长期处在骚乱不安的状态中，人们便从学习理论和教育制度中寻找问题的根源。批评家们表示，正是因为对行为主义的盲目追求，过度使用行为矫正及程序教学，使得在很多制度和理论中都没有考虑到人们在实际生活中的一些特征。于是，人本主义便就此产生。人本主义不仅对行为主义那种忽略人自身特征的观点持反对意见，而且表示，虽然认知心理学强调人的认知结构，但却没有重视人的态度、情感等对学习产生的影响。康布斯、马斯洛和罗杰斯是该理论的代表人物。康布斯表示，要想理解人的行为，首先要了解人感知的世界，然后站在行为者的角度上看待事物。人本主义者重视学习者的知觉和情感，所以学习情境要以学生为中心去构建。马斯洛表示，个人的动机倾向就是向自我实现与达成提出需要层次学说，强调要想发展高级需求，就少不了满足低级需求这一条件。罗杰斯则重点强调人天生就是热爱学习的，当人们意识到学习和自身需求存在很大关系时，就会非常愿意学习，而且在没有干扰的环境中学习会使学习的效率更高。他还表示，教师如果能关心、理解和信任学生，就能更好地促使学生去学习，从而使学生的学习效果更好。

此外，受维果茨基的文化 – 历史发展理论以及人类文化学研究的影响，学习理论界兴起了社会文化理论思潮。这种思潮特别强调社会文化背景、情境以及学习共同体在人的知识建构过程中的重要作用。

几十年来，各派学习理论的争论无法得出谁是谁非的结论，就是因为各派都从一个角度说明了一部分的规则，揭示了部分真理，但他们又试图从某一部分真理推广为能说明一切学习现象的理论。随着心理科学的发展，尤其是近几十年来计算机科学、认知科学、认知神经科学以及学习科学的发展，人们逐渐意识到单纯地进行评价是没有什么意义的，关键在于从多个角度对学习的本质及规律进行揭示，取各家的长处，来弥补自己的不足。这样互相交流、互相学习的趋势会推动学习理论的进一步发展。

第二节　学习动机的基本理论

一、自我效能理论

美国著名心理学家班杜拉于 1977 年提出了自我效能理论。他认为，自我效能指的是个体对自己能否成功地完成某一项任务的主观判断，而且，他还提出了四种影响自我效能产生的因素。

（一）成败经验

成败经验会对自我效能的形成产生巨大影响。人们在进行新的尝试或者进一步的探究时，会因为之前所获得的成功经验而信心倍增，反之，失败的经验会使人的内心产生更多的顾虑，会使人们不自信，怀疑自己的能力以至怀疑预期的结果。所以，教师必须和成绩下降或者没有取得好成绩的学生多沟通，从思想上对其加以指导，帮助学生从正确的角度分析失败的原因，并且鼓励学生要正视失败，让学生意识到这种结果是很正常的，从而使学生重拾信心，恢复达成学习目标的勇气。

（二）替代性经验

替代性经验对自我效能的影响也同样不能忽视。替代性经验是指个体通过观察他人的行为以获得关于自我实现可能性的认识。假如身边的人所做的事成功概率很大，而这件事和自己要做的事很相似时，我们就会觉得这件事难度不高，只要稍微做出一些努力就能获得成功，因此这样的情况是可以增强人的自信心的，而且会有更高的期许。反之，假如身边的人很少有人做成这件事的话，自己的压力也会随之增加，并且会怀疑自己的能力，觉得身边的人都没成功，自己成功的可能性也会很小，在这样想法的作用下，就可能会出现懈怠的态度，并且也不会对未来产生好的期许。因此，作为教师，必须深刻意识到榜样的力量是很大的，可以将自己的学习经验分享给学生，因为好的经验能够从思想上为学生提供帮助，使学生受到鼓舞，使其能够利用教师提供的经验，加倍努力去学习。

（三）言语劝说

言语劝说包括别人的暗示、别人的劝告及建议、自我的规劝等。其中，他人的劝说通常会对自我态度与抉择产生极大的影响。他人的鼓舞会使自己充满斗志，信心倍增，更有干劲，从而更容易实现目标。然而，如果受到了他人的批评或者压迫，就会使个体产生消极情绪，会缺乏完成任务的信心与积极性。所以，教师可以根据每个学生的不同情况，给出有针对性的指导意见。

（四）自我的情绪和生理状态

如果个体在紧张、危险的情境里，或者在遭受压迫时，激进的情绪就会被激发出来，同时还会产生焦虑的生理反应。激进情绪和焦虑的生理反应都会使自我效能感下降。反之，良好的情绪和心理状况会使自我效能感提高。

二、成败归因理论

1958 年，归因理论由海德尔（Heider）提出。他表示，个体之所以会产生行为，其原因主要归结于两方面，一方面是外部环境，另一方面是内部原因。如果行为产生的原因是外部环境，那么他就觉得个体不需要对自己的行为以及因自己的行为产生的结果负责。假如将原因归结于个体内部，他就觉得个体需要为自己的行为负责。

后来，罗特（Rotter）又在此基础上进行了更深的研究，提出了一个新词——控制点，并且根据该词的定义把个体分成了两种类型，一种是内控型，另一种是外控型。前者觉得自己可以对周围环境进行控制，不管结果是怎样的，不管有没有成功，都是自己的问题，他们觉得自己应该对其承担责任。后者则认为自己是不能控制外部环境的，所以没有成功的原因也不在于自身，他们通常对自己的行为和最终的结果持消极态度，不愿去承担责任。

再后来，韦纳（Weiner）又在二人的研究基础上对行为结果归因进行了更为系统的研究，他表示，个体在对自己的行为结果进行解释时，往往会从六个方面进行，一是能力，二是努力程度，三是工作难度，四是运气，五是身心状况，六是外界环境，同时还把它们分别归入了稳定性、因素来源以及可控性三个维度。稳定性指的就是不管某一个因素在时间的变化下会怎样变化，其能力基本是稳定不变的，而情绪以及某一时段的运气通常是不稳定的；因素来源指的就是对于个体来说的内部原因和外部原因，前者就是个体内部的因素，如个人能力、个人的努力等，而外部原因就是像任务难度等这样的外部因素；可控性指的是个体对成功或者失败原因的控制程度，分成可控及不可控两种。

成败归因理论中的六因素分别归入三维度的情况如下表所示。

表　成败归因理论中的六因素与三维度

因素	维度					
	稳定性		因素来源		可控性	
	稳定	不稳定	内在	外在	可控	不可控
能力	√		√			√
努力程度		√	√		√	
工作难度	√			√		√
运气		√		√		√
身心状况		√	√			√
外界环境		√		√		√

一般把学习结果归因成内部、稳定、可控的因素时，对学生日后的学习会更有帮助，并且会形成积极的学习动机。所以，教师就要对学生的成绩进行分析，并且帮助学生总结自己取得该成绩的原因，然后根据原因有针对性地鼓励学生，让他们始终保持积极乐观的学习态度，激发他们积极的学习动机。

三、马斯洛需求层次理论

马斯洛在《人类激励理论》中第一次提出了需求层次理论，他认为，个体的行为动机都是因为自身的需要而被激发的。个体的需要一共有五种，即生理需要、安全需要、归属需要、尊重需要和自我实现需要，而且它们是呈阶梯状从低到高排列的。在这五种不同的需要中，前两种属于初级阶段，归属和尊重需要是中级阶段，最后一种属于高级阶段。马斯洛表示，个体都存在这五种需要，不过它们存在的阶段不一样，个体对其需求程度也不一样。如果个体的某一需求得到了满足，那么这一需求对个体影响的程度也会减小，然后慢慢产生更高阶段、更高级别的需要。因此，教师在教学活动中，必须对学生的需要有一个清晰的认知，同时还要具备一定的敏锐度，来感知学生需要的变化，争取在满足学生基本需要的前提下，使学生对自己所教的内容产生兴趣，激发学生的学习动机。虽然这一理论具有科学意义，但也存在着一些不足之处，如它忽视了人们本身就有的兴趣取向、好奇心等，而这些因素在学习过程中也具有驱动作用。

四、动机强化理论

美国的心理学家和行为科学家斯金纳、布兰查德（Blanchard）等人提出了强化理论，认为个体行为的产生和发展的原因是强化，强化指的是通过一定的刺激来增强个体某种行为的过程。斯金纳将强化分为正强化和负强化。正强化指给予个体愉快刺激，使个体行为出现的频率增加；负强化指撤销个体厌恶刺激，使个体行为出现的频率增加。

强化理论也被称为行为修正理论或行为矫正理论。斯金纳认为，人是没有尊严和自由的，人们做出某种行为，不做出某种行为，只取决于一个影响因素，那就是行为的后果。他提出了一种“操作条件反射”理论，认为人或者动物要想实现某个目标，就会产生一些行为作用于环境当中。如果这样的行为所产生的后果对他有好处的话，就会多次出现这一行为；如果对自己不利的话，就会减少甚至不再出现这一行为。人们可利用正负强化的方式去修正人们的一些行为，从而产生好的结果。

该理论对于激发学生学习动机具有非常大的意义。它要求教师在学生因为某些行为而取得了好的成果或者有了进步的时候，就要及时去称赞和肯定他们，这不仅可以激发学生的学习兴趣，还能使他们更加努力去学习，从而使他们的学习动机得到增强；如果学生的成绩不好或者犯错的时候，学生可能会因为自责或者老师的批评而降低学习动机。因此，教师要根据学生的不同情况，采用正强化的方式，对拥有良好行为的学生进行鼓励和夸奖，而对于违反校规校纪的学生进行批评或者惩罚，夸奖和批评要合理进行。此外，一些专家通过研究发现，如果对学生给予太多的外部奖励，反而会使学生的内在学习动机有所下降，所以，教师在使用强化方法时必须根据实际情况适度进行。

五、成就动机理论

美国著名心理学家默里（Murray）最早对成就动机展开研究，他提出，成就动机也是对成就的追求，是支撑学习者进行学习的内在推动力。之后，麦克莱兰（Mc Clelland）和阿特金森（Atkinson）在继承默里研究成果的基础上，将其理论做进一步地深化和拓展，并将其发展为成就动机论。

麦克莱兰表示，在个体的人格特质中，成就动机属于极为稳定的一种，而且由于成就而产生的愉悦感受都会储存在个体的记忆里，如果所处的情境引发了这一隐藏在记忆中的体验，就会将其成就动机激发出来。他还表示，个体的成就动机越强，他对学习工作的积极性就会越大，并且更能控制自己，使自己不被外界所影响，从而取得好成绩，获得一定的成就，而且这一类人通常十分擅长充分利用时间。通常来说，具有较高成就动机的人更容易取得好成绩。该理论虽然在当时的心理学界产生了一定的影响，但是事实上，这一理论依然存在很多缺陷和不足之处。比如，他认为成就动机对个体行为具有决定性作用，没有考虑到个体行为的复杂性，也忽视了影响个体行为的其他因素。

阿特金森创建了成就动机的期待—价值理论，即个体既要相信有达到结果的可能性，又要认为结果是有价值的，这时，个体才会有十足的动力去从事任务。

阿特金森认为人在追求成就时往往会产生两种倾向，一种倾向是试图取得成功，另一种倾向是试图避免失败。他用一个公式来表示个体对成就动机的倾向强度，具体公式如下：

$$Ts = Ms \times Ps \times Is$$

上述公式中的 Ts 表示的是个人追求成就的倾向；Ms 表示的是个体对成就的需求，即个人追求成功的动机；Ps 表示的是期望水平，即个体对自己成功的可能性的估计（若 Ps=1，代表着确信自己一定会取得成功；若

Ps=0.5，代表的是预估自己成功的可能性是 50%；若 Ps=0，代表的是自己在此次活动中一定会失败，完全没有成功的可能性）；Is 代表的是诱因价值，即成功的激励值。

第三节　学习动机的培养与激发

学习动机的培养指的就是学生将社会、学校和家庭的需求变为自己内在的学习需求的过程；激发学习动机就是将学生已存在的学习需求调动起来，使学生学习的积极性提升。培养学习动机是从没有变成有，而激发学习动机则是从静变成动。因此，培养与激发学习动机之间既存在联系又有一定的区别，学习动机的激发以培养为前提，而学习动机的激发又是对培养的再次强化。在真正的教学过程中，二者是紧密联系起来的，很难把它们明确地分开。所以，在教学中，教师要遵循学习动机培养和激发并行的原则。

学生的整个学习动机系统由多种动力因素组合而成，且不同年龄阶段的学生其动力因素的构成是有一定差异的，同时，对于不同的个体以及个体所处的不同阶段来说，处于主体地位的动力因素也不同。所以，教师要根据学生所处阶段的动机发展规律开展动机教育，才能取得好的效果。通常来说，学生的年龄越小，外部动机对于学生学习的影响就越大，这时，一味地要求他们对学习本身产生内部动机是不太现实的。年龄大一些的学生，内部动机所起的作用才会逐渐增大。因此，在学习动机的培养与激发过程中应该注意学生学习动机发展的年龄特征。

在学校教育中，要想更好地对学生的学习动机进行培养或者激发，教师就必须帮助学生制定合理的学习目标，让学生对学习的意义和价值有清晰的认知，使学生不但知道要学什么，还要知道学习的目的、应该学到什么程度等。另外，教师还可以利用多种手段和方法。下面，笔者将从学习动机的内部与外部两方面来详细讲述激发、培养学习动机的方法。

一、内部学习动机的培养与激发

（一）激发和维持学生的求知欲和好奇心

求知欲和好奇心是内部动机最为核心的部分，它们是培养和激发学生内部学习动机的基础。人有探索和认识外界环境的内在需要，这种内在需要会引起个体的好奇行为和探索行为，并表现为求知欲。有研究显示，发现学习比指导学习更能提高学生的内部学习动机，原因就是学习者能根据自身的情况挑战有适当难度的任务，可以满足其好奇心。

教育实践表明，创设问题情境对于学生好奇心与求知欲的激发是非常有效的。创设问题情境是指提供的学习材料、条件、实践能使学生产生疑问，渴望从事活动，探究问题的答案，经过一定的努力能成功地解决问题。怎样的教学才能被称作是有效教学呢？关键就是为学生营造一种使其懵懵懂懂、一知半解、不确定的问题情境，使其形成疑惑、矛盾情绪，进而使学生的学习兴趣和求知欲被激发出来，乐于去主动学习和探究。通过对相关心理学的研究发现，人的好奇心和求知欲是与生俱来的本能，只是在孩子刚刚走进校门的时候，他们的好奇心和求知欲发生了分化现象，有的孩子会因为学习上取得的成绩促使好奇、求知的本能得到进一步发展，而有的孩子则会在经历了学习的失败后不再对知识产生好奇。好的教学要不断创建问题情境，使学生的求知欲和好奇心被充分激发出来，进而提高学生学习的内部动机。比如，一个物理教师在讲压强的定义时，会先给学生抛出一个有趣的问题：你会利用什么方法使沙滩上的砖头陷得更深？然后在学生提出的一系列横着放、竖着放、只一角接触沙滩等解决方式中提出压强这一概念，这样不仅引起了学生的好奇心，还激发了学生的求知欲，通过这样的方式进行教学，往往会取得不错的教学效果。

（二）设置适合的目标定向，使学生获得成功体验，鼓励学生的自我强化

学生的学习行为是由两种目标定向引起的：学习目标（learning goals）和成就目标（performance goals）。学习目标定向的学生把学习的目标看成掌握所学的知识、获得某方面的能力；而成就目标定向的学生

则把学习的目标基本上看成为了获得对其能力积极的评价，或避免否定的评价。学习目标定向的学生更易于选择困难的课程、寻找挑战，而成就目标定向的学生关注的是好的分数，因而，选择容易的课程，回避有挑战性的情境。虽然两种目标定向的学生在智力上没有什么差异，但其学习成绩却有相当大的差异。当遇到困难时，成就目标定向的学生很容易丧失信心，而学习目标定向的学生则会不断地尝试，他们的学习动机和成绩实际上增加了。觉得自己能力低的成就目标定向的学生，很容易形成习得性无力感现象，而学习目标定向的学生却不会，因为他们关心的是自己学会了多少知识，并不关心他人的成绩。目标定向研究的最重要的含义是教师应让学生懂得学习的目标是掌握知识，而不是获得分数。这可以通过强调学生学习材料的兴趣价值和现实的重要性，降低对分数和其他奖赏的重视而达到。例如，教师应该说“今天我们将学习关于火山爆发原因的知识”，而不是说“我们将学习火山爆发的原因，以便在明天的考试中得高分”。教师尤其要避免高竞争性的评分或诱因体系，只有这样，才能使学生获得成功体验，从而获得进一步学习的动机。与此同时，教师要鼓励学生对自己学习的成功结果进行自我奖励和强化。

（三）帮助学生正确认识自我，形成恰当的自我效能

自我效能是指个体对自己能够进行某一行为实施能力的推测或判断，即对自己行为能力的主观推测，也可以说是对自己是否有能力胜任学习任务的认知。在个体拥有了相应的知识技能后，自我效能就成为个体行为的决定因素。

国外对学业成绩和自我效能间的关系做过很多研究，结果都表明，二者是呈正相关的。1981 年，班杜拉在研究中发现，有些对数学没有兴趣且数学成绩不好的学生通过训练，他们的成绩以及自我效能都有明显提升，并且发现自我效能和对数学的兴趣是呈正相关的。1984 年和 1987 年，舒恩克（Schunk）和约翰（John）分别在实验中发现自我效能水平能够准确地对学生的学业水平进行预测。我国也有专家通过研究证实了二者正相关的关系，并且发现，如果在实际的教学当中采用一些手段和措施就能使二者得以提升。

很多学生，特别是一些学习成绩不好的学生，他们对于自己的学习

能力是很不自信的，因此所表现出来的自我效能水平也是比较低的，在学习中不敢去尝试，且不会付出应有的努力，从而学习成绩更差。作为教师，首先，可以从制定难度较低的任务入手，使学生获得一些成功的体验，从而使自我效能的水平得到提升；其次，让他们学习和自己水平相当的学生的成功经验，使学生在替代性经验的获取中达到提升自我效能的目的，让学生意识到自己也有能力取得成功，然后提升学生的积极性，从而促进其更加努力地去学习；最后，教师还可以利用归因训练方式使学生消除对自身能力的错误定位，从而对自我效能产生正确的判断。

（四）训练学生对学习结果进行积极的、现实的归因

根据动机的归因理论及相关研究，学生对学习成败的原因主要归结为能力、努力、任务难度、运气等，不同的归因方式对以后学习行为产生巨大的动机作用。归因的因素来源维度与个体的自尊有关：把成功归于内部因素产生自豪感，强化动机；反之，把失败归于内部因素则减少自尊。稳定性维度与对未来的期待有关，把成败归于稳定的因素则会得到与预期同样的结果；归于不稳定的因素则会引起期待的改变。可控性与个体的体验有关：将成功归于可控因素，就会使个体产生满意的情绪，归因于不可控因素，个体就会产生感谢的情绪；如果把失败归因于可控因素，个体就会产生负罪感和羞愧感，归因于不可控因素，个体就会产生愤怒的情绪。在多个因素里，最重要的两个因素就是努力与能力，如果把失败归因于能力，学生就更容易产生不努力的情绪，时间久了就会产生无力感，然后变得冷漠、反感，直至彻底不管不顾；如果把成功归因于能力，个体的自我效能感就会增强，对于以后的学习是有益的。

可见，归因训练在教学中的作用是非常大的。我国学者提出一种归因训练模式——积极归因训练。它能够有效改变学生的错误归因，并提高学生的学习动机。它具有两层含义，一种是“努力归因”，就是不管最终结果是好的还是坏的，其原因都在于有没有去努力。如果学生将自己的成败都归结于有没有尽力去学习，就会使学生的学习积极性得到一定提高，如果学习没有取得好成绩的时候，通常不会因为一时的失败使自己对以后获得成功的期许有所降低。另一种是“现实归因”，即针对一些具体问题引导学生进行现实归因，帮助学生分析除了努力这个因素

外，影响学习成绩的因素还有哪些，是智力、学习方法，还是家庭环境、教师等因素。分析这些因素在多大程度上影响其学习成绩，并尽力指出解决这些问题的方法，以提高学生克服困难的勇气，增强自信心。这种归因训练的好处在于，在学生进行“努力归因”时又联系了现实，在进行“现实归因”时又强调了努力，体现了主客观相统一的辩证法思想，在教育实践中也被证明是行之有效的好方法。

（五）利用原有的内部学习动机，使之向不同的学习情境发生迁移

教育心理学的研究表明，不仅一般的知识、技能可以迁移，学生的学习动机同样也是可以迁移的。布鲁纳在其名著《教育过程》一书中，把原理和态度的迁移看作教育过程的核心。在学生还没有对某种学习产生内部学习动机之前，教师不应该消极地等待，而应该积极利用学生原有的学习动机，因势利导地使之迁移到新的学习活动中去。教师在教学过程中，应该特别重视这一点，因为学生总是在学习和接触新知识。至于怎样才能更有效地实现这一点，确实需要教师去发挥创造性。

（六）提供对学习结果的清楚、具体、及时的反馈信息

所谓“反馈”，就是为学生提供和他学业成绩有关的信息。心理学家发现，在许多情况下，可以把反馈当成一种诱因，为个体行为做出合理的强化。在反馈的作用下，学生能够对与自己学业相关的内容及时进行了解，如运用自己掌握的知识来解决问题的效果、考试成绩的好坏、作业的对错等。在知道自己所取得的成绩之后，会对自己产生很大的激励作用。如果取得了好的成绩，学生在看到自己的进步以后，会信心倍增，并且对学习产生更大的兴趣；如果成绩不尽如人意，学生也会迅速发现自己的不足之处，然后及时去改正过来，并会暗暗下决心，以后加倍努力，争取以后的成功。

有人以大学生为研究对象，把他们分为甲乙两个水平相等的组，要求他们练习两位数乘两位数的心算，一共练习了 45 次，每次半分钟。让甲组的学生知道自己每次练习的成绩，而不让乙组学生知道，只要求他们每次努力练习。练习达 30 次后，甲组学生取得进步的占 43%，乙组学

生只占36%。后来15次练习的安排恰恰相反，让甲组不知道成绩，乙组学生及时了解成绩，结果发现甲组学生取得进步的只占15%，乙组学生却占29%。这一实验有力地说明了让学生及时了解自己学习结果的重要性。

运用反馈时，反馈必须清楚、具体，这一点很重要，特别是对年幼的学生，更是如此。教师如果给某学生提供一个抽象的、不具体的反馈（“你做得很好”），而不给出任何解释，学生就难以从反馈中知道他下一步应做什么才能获得成功，也不会进行最具有动机效应的努力归因。及时的反馈也是很重要的，必须使反馈紧随个体的学习结果。如果反馈与作业结果相隔的时间太长，反馈就会失去其动机和信息价值。最后，教师必须提供经常性的反馈，使学生能付出最大的努力。社会学习理论家班杜拉发现，不管外界的奖赏具有多大的价值，如果只是偶尔才能得到，那么，它的动机价值还不如能经常得到的小奖励。有研究发现，经常给学生提供一些小测验比很长时间后进行一次大考，更易于评定和促进学生的学习。

二、外部学习动机的培养与激发

（一）合理运用外部奖赏

这里所说的外部奖赏其实就是物质上的奖励。通过奥苏贝尔的学习动机的相关分析可知，课堂学习动机有三种内驱力，一是认知的内驱力，二是附属内驱力，三是自我提高内驱力，如果只依靠第一种内驱力是无法达到激发和保持学生学习动机的目的的。很多心理学的相关研究证实，在学生进行了一些合理的学习行为或者取得了一定的学业成绩之后，对学生进行物质上的奖励，对他们的学习具有很好的促进作用。如果外部的奖励不合理，反而会产生消极作用。莱伯（Lepper）曾经做过一个很有趣的实验，他将幼儿园的部分孩子分成两组，组织他们做游戏，在实验的初级阶段不给孩子们奖励，两组的孩子都很积极地做游戏，两组的状况都差不多。在实验的第二阶段，会给其中一组分发糖果，而另一组什么都不给。实验一段时间后发现，得到奖励的那组儿童对该游戏的兴趣明显降低了，而未得到奖励的那组儿童仍然表现出很大的兴趣。这个实验表明外部提供的奖励使得儿童对本来有内部学习兴趣的活动变得没有兴趣了，外部奖励产生的是负面的效应。蒂茜（Dici）等人的实验也得出类似的结果。个体在行为过程中，常常要对行为的原因加以探究，或者产生自我决定感，或者产生他人决定感。对某一行为，如果多次受到外部奖励，个体就会产生他人决定感，或从自我决定感变为他人决定感，结果，在没有外部奖励的条件下，就会表现出行为动机的丧失。因此，教师在运用外部奖励时，应持谨慎的态度。对那些已有内部动机的活动最好不要轻易运用物质奖励，只有对那些缺乏内部动机的活动予以物质奖励才可能产生积极的激励作用。

（二）正确运用表扬与批评

在课堂教学中，表扬具有强化学生合理行为的功能。如果教师对学生提出表扬，进行肯定的评价，就会对学生产生积极的强化，使其再接再厉，充满努力向上的信心和力量。对学生的表扬、称赞和奖励通常要比惩罚、批评的激励效果更好，尤其是对年纪小或是成绩不好的学生来说，这种差异更加明显。

赫洛克（Hurlock）曾做过一个表扬和批评产生效果的实验。他将找来的四年级学生分为四组，保证各个小组的条件都差不多，然后让这四个小组的学生连续 5 天去做算术题，每次做题时间控制在 15 分钟。对第一组的学生不告知他们成绩，不进行表扬或是批评，让他们在单独的空间内进行算术练习，剩下的三组在一间屋子里练。第二组的学生每次在做完练习以后，就会对他们一一进行表扬；对第三组，不会对他们进行表扬，而是抓住错误，对他们尽心批评；第四组，既不会表扬他们，也不会批评他们，但是在第二、三组被表扬或是批评的时候，都要让他们看到。实验结束后发现，第二组进步很明显，被批评的第三组成绩没有被表扬的那组成绩好，而成绩最差的就是被控制的第一组。被忽视的第四组成绩比第一组要好一点，这是由于这一组的学生虽然没有得到强化，但依然间接地获得了一些感受，但成绩势必不如被直接受到强化的第二组和第三组。通过这一实验可以知道，在教育领域里，表扬要比批评对学生的成长更具有积极的作用，而批评又比不理不睬要好一些。

表扬也不是一直发挥作用的。以纳夫帕克逖迪斯（Nafpaktitis）为代表的心理学家认为，在进行表扬时所采取的方法和手段比起所给出的表扬的多少更为关键。奥利尔雷（O'Leary）指出，表扬是课堂上的一个激励机制，它是否能在课堂上发挥作用是由自身的可靠性、具体性以及结果的依随性决定的。所以，教师不管是在表扬还是批评的时候，都要了解每个学生的个体差异，然后有针对性地进行合理、适当的批评或是表扬的强化，要公平公正、以理服人、有奖有罚，从而使教学效果得到提升。

（三）营造适度紧张的竞赛或竞争氛围，调动学生的好胜心

竞赛活动向来被教育者们当成激发学生斗志、促使学生取得更好成绩的一个重要手段。国内和国外的研究都证实了在学校组织一些竞赛活动，能够提高学生学习的兴趣和积极性。

以查普曼（Chapman）为代表的几位专家将五年级的学生作为研究对象，将他们分成两组，让他们进行加法练习，共持续了 10 天，每次练习的时间控制在 10 分钟。工作人员会把竞赛组学生每次的竞赛成绩公布在公告墙上，成绩好的和有进步的学生都会在名字后面添加星星；对于无竞赛组学生，除了不会对其成绩进行公布和添加星星之外，其他方面都是一样的。10 天练习结束以后会发现，竞赛组的成绩明显要比无竞赛组好。竞赛分很多种，有个人间的、集体间的，还有自我的竞赛。三种竞赛中，个人间的竞赛具有最强的竞争性，教师在激发学生学习积极性时，要鼓励学生进行自我竞赛。这种竞赛不和其他人去比较，只要求自己每次的成绩都比上一次好。在这样的竞赛中，学生不至于产生较大的心理压力。

但要注意，各种形式的竞赛如果被频繁地使用，而且又组织得不好，这不仅会失去其激励作用，而且会加重学生的负担，适得其反。但这并不一定是竞赛本身的必然产物，它与竞赛的内容、要求、组织形式及宣传等因素有关系。为了开展好竞赛，以下几点是教师应该注意的：首先，竞赛的内容要多样化，不能只局限在数学、语文等这种重要科目上，可以从学校生活的多个方面入手组织竞赛活动，如唱歌、写作、朗诵、书法等。丰富的竞赛活动会使学生的校园生活更加丰富，并培养其多种兴趣，促使其健康、快乐地成长。其次，竞赛的形式也不能太单一，要采

用多种形式，不要只进行个人间的竞赛，还要多组织一些团体间的竞赛，并鼓励学生自己与自己比。最后，教师要做好对竞赛的宣传教育工作，提倡“友谊第一、比赛第二”，同时，竞赛中要做到客观公正，防止弄虚作假。

第六章　知识的学习与技能的学习

第一节　知识的学习

一、知识学习的含义

对知识学习的理解有广义和狭义之分。狭义上，知识学习是对象为书面内容的学习。书面内容也涵盖多媒体、光盘及课本等实质媒介上的知识文化。广义上，知识学习是为掌握知识的学习。广义的知识学习强调的是学习收获的知识，也就是成果，而学习方式和学习对象都为知识的获取而服务，且学习对象极为广泛，不仅是书面内容，还可以是自我、实物、他人、文化等。

1.以知识为对象的知识学习

人们通常觉得知识学习便是在校内学习课本上的内容，这同样是直觉性的一种认知。在认识论的传统语境内同样也采用这种基础内涵。依据学习对象及学习内容对学习的类型进行划分，有以媒介及对象为符号文字的知识学习；对具体事物及其形象、模型进行反映的观察学习；活动客体为其他人，学习方式为和其他人的讨论、交流及对话等的交往学习；导向处理问题的实践学习；对象为操控具体事物或活动身体器官的操作学习；对象为本身的身心架构、生活组成及阅历，学习方式为反身性的自身评价、分析及观察等的反思学习。值得一提的是，不管是知识活动（符号活动），还是具体活动，都不全然是外界或内界活动的一种，有价值的活动必然是统一外界活动（对象为外界的具体事物）与内界活动（内界符号活动）的有机体。

从现实表征来看，以知识为对象的知识学习是在一种“正式”而固定的环境下进行的，是与实际事物，乃至与学习者自我相隔绝的状态下进行的，它是一种缺少反思、丧失体验、无法操作的学习活动。这种学习通常由固定的学习时间、学习场所、学习内容等构成，主要发生在传统的班级授课制之下的课堂教学当中。对象意义上的知识学习评价是最容易的，只需要保持评价内容与学生所学的知识一致即可。所以，知识学习的评价主要以纸笔测验的形式，来考查学生对于知识的记忆与复现（陈佑清，2011）。

2. 以知识为目的的知识学习

知识学习由对象为知识转向目的为知识，这实际上是知识学习的一种泛化语义，知识学习的对象、过程及产生的结果都收纳到了知识学习所包含的内容当中。知识学习理论出现转向及变化的因素基本为以下三方面：

第一，历史的发展不断赋予知识新的内涵。在不同的时代背景下产生的许多阐述知识与发展关系的“口号”和“标语”，其背后其实隐含着当时人们对于不同的“知识品性”的关注，而这些知识的品性几乎满足了当时人们对于学生发展的一切要求。古希腊时期的先贤，强调知识的道德性与道德价值。苏格拉底提出的“知识即美德”，简而言之便是，存在知识便是存在美德，人因为无知才去作恶。美德不仅是纯粹的一种道德，还应包括节制、勇敢及聪慧等品格，是良好、健全的一种灵魂品质。春秋时期的孔子认为应养成兼具才能及品德的人，并且品德是古代重要的选官标准。近代以来，人们对知识所具有的发展性关注越来越深，所提及的发展多指对世界的改造能力及对人的认识的发展。自然科学知识深刻地改变着世界，而培根（Bacon）也敏锐地觉察到“知识就是力量”。随着知识总量的激增，斯宾塞（Spencer）冷静分析人类生活的活动，探讨“什么知识最有价值？”这一问题。为了使知识能够高效地被理解和传递，赫尔巴特（Herbart）提出的“四段教学法”一度成为教师的圣经，主宰主流教育思想百余年。现代社会，人们更加重视知识的工具性与实用价值，因为人们很难掌握哪怕是自己行业里的全部知识。受美国实用主义哲学的影响，在杜威看来，知识是一种解决问题的工具。

第二，知识包括了知识的获得与发现的方式和过程。知识及其发现和获得的经过与方法都被看作知识。为了获取知识，学生不仅以符号及其展现的实际世界为学习对象，还要将人们发现与发明的认识成果的经过作为认识对象，作为推理与分析、评判与批判、质疑与思考的对象（刘月霞、郭华，2018）。因此，知识学习涵盖整体知识学习经过。批判理性主义的创始人卡尔·波普尔（Karl Popper）阐述了“知识是对真理的追求”的知识观。波普尔一再强调科学知识不是真理，而是对真理的寻求。因为不存在真理的标准（或者说真理本身就不存在），而存在真理进步的标准（波普尔提出的三种要求）。在他看来，许多理论可能实际上是正确的，但是即使它们正确，人们也绝不会确切地知道这一点。因此，基于这种认识，可以这样说：“有知”（智慧）不是拥有渊博的知识，而是矢志于探求知识，“无知”也不是知识的匮乏，而是放弃对知识的追求。

第三，知识的理解从简单的文字符号到包含深层内在结构的意义系统。知识学习进入知识架构的层次越来越深，由表及内依次为符号表象、逻辑形态及意义体系。知识学习不仅需要对知识所具有的符号表象进行掌握，还需要加深理解知识的内在架构，也就是意义体系和逻辑形态。知识学习涵盖了由个体至公共的知识的整体经过，不仅涉及知识的创造、应用及迁移，还有知识的体验、记忆、内化、训练、复现及理解等。

波兰尼（Polanyi）在《个人知识》的前言中说知识（knowledge）与识知（knowing）在英语中是同源的，而且他也是在这两层意义中使用“知识”一词。可见，波兰尼所说的个人知识实际上包含着“获取知识”的动态过程，其在书中意在强调个人知识获得的动态过程及其逻辑结构。

当一种新的知识理解出现时，它总会带有对原有理解的批判，但是这种遭到批判的旧的知识观念，又在一定的范围和情境内有着极强的解释力，所以才得以长存于历史长河之中。这样就导致了知识含义的一种“泛化”。关于知识内涵的更迭，没有像“建筑拆迁”一样，旧的楼体被彻底推倒，而更像是对知识“墙体”出现的缝隙进行不断的修葺。经过对知识概念持续不断的修葺与缝补，知识的内涵必然不断被丰富和拓展，随之带来的后果便是，知识学习的含义与功能顺理成章地被放大和拓展。

国内关于知识学习存在两种理解的原因，与中西方语言使用的差异有关。相对于英语而言，汉语表达中的“时态”缺失，给一些词组的使用制造了许多的误解，以至于人们在学术对话中深陷诸多相反相悖的“概念”泥潭。在知识学习的有关理解中，一种看法是，知识作为个体处于动态的环境下形成的认识成果，知识学习就是学到了知识。另一种看法是，知识是在特定媒介上的认识客体，知识学习就是将要或正在学习书面内容这一对象。前者把知识学习视为无间断的发展经过，后者则易把知识学习视为学习形式的一种。

二、知识学习的类型

对学习人员和知识之间的关联而言，知识学习包含符号性知识学习、体验性知识学习和反思性知识学习。这三类知识学习是学习人员通过不同对象及方式来记忆知识、理解知识。显然，这三类知识学习在学生的发展过程中具有不同的作用（陈佑清，2019）。符号性类型的知识学习作为心理学方面认知主义派别宣扬的学习类型，指的是学习人员经过思维、感知、想象及记忆等心理行为，加工信息以获取知识的经过，它注重的是认知加工符号知识的经过。体验性类型的知识学习重视学习所存在的自身性，注重学习人员改造自身经验和知识间的关联，其结果必然存在学习者改造自身经验的过程。反思性类型知识学习无法被称为独立的一项学习活动，它常常伴随着体验性类型的知识学习，有时也伴随着符号性类型的知识学习。反思性类型的知识学习重视的是学习人员能否在旧知识与新知识之间形成关联，能否实现和本体的对话（郭思乐，2018）。针对学习的对象来说，由于体验性与反思性类型的知识学习包含的都是非静态、非纯粹客观的符号知识的对象，还涵盖学习人员本身的身心架构。因此，难以评判涵盖多种类型的知识学习所拥有的限制及发展功效。

就逻辑学的视角而言，知识学习作为复合学习及知识两层含义的结合性观念，对这种观念的理解本就是一个困难的过程。就观念表象的行为来看，知识学习是一项内含学生主体及知识客体的学习活动。学习与知识是决定学习效果和学习质量的两个变量，换句话说，在学生的学习当中，知识学习能从两方面对其产生影响，一方面是学习，另一方面是知识。假使把发展性当作标准来评判学习与知识，以知识为横轴，以学习为纵轴，形成一个坐标体系，能够发现知识学习可划分为高效的、负效的、无效的及低效的四种类型。

第一，高效型知识学习。高效型知识学习的发展性最佳，是理想的一类知识学习，也是教学活动中要竭力实行的一类。例如，奥苏贝尔阐述的有意义学习，布鲁纳阐述的发现学习，都对这种理想型进行了研究。知识学习中包括两项根本要求：一是挑选有发展意义的知识以有效地进行学习；二是不断的学习以有效地进行知识发展意义的获取。

第二，负效型知识学习。负效型知识学习指的是通过发展性方式对无发展性知识进行学习，本类知识学习可以达成的发展功效十分有限。例如，知名德国心理学专家艾宾浩斯（Ebbinghaus）通过记忆无内涵音节的实验，对记忆规律进行研究的学习就是本类知识学习。然而，呆板的知识学习并非不存在意义，它也可以推动学生的认知能力有相对较低的发展。

第三，无效型知识学习。无效型知识学习也就是通过无发展性方式对不具发展性的知识进行学习，这类知识学习是不存在价值的、不具备效力的。

第四，低效型知识学习。低效型知识学习是普遍存在于教学课堂中的类型，是主要的学习革新对象。最习以为常的情境便是学生仅依靠死记硬背来对知识进行记忆，而记忆的知识无法变成学生所具有的素质能力。这尽管也可以收获相应的知识，但通常是死板的、机械的知识。

发展性不足或者发展性缺失的学习，涵盖浅层学习、无效或低效学习、无价值学习、古板学习等；而发展性不足或者发展性缺失的知识，涵盖那些背离道德伦理、无知无效、违背学生发展规则、过时老旧、抗拒主流思想形式的错误命题或认知。相反的，那些发展性较强的学习，包括意义学习、深层学习、有效或高效学习等；而发展性较强的知识，包括依照伦理准则、实际有效、遵守学生发展规则、满足实际、符合主流思想形式的正确知识认知。

对各种类型的知识学习来说，它们各自拥有不同的限制及发展功效。例如，无效类型和负效类型的知识学习，它们面对的都是发展性缺失的知识。所以，与低效类型和高效类型相比，它们所具有的限制更多，而发展功效不足。相应的，低效类型和无效类型选择的是发展性缺失的学习方式，因此，与高效类型相比，它们存在的发展限制更多，而发展功效更少。

三、知识学习的价值与功能

知识学习对于学生发展的局限和功能，取决于知识学习所具有的局限及功能。所以，在有关资料的整理过程中，要扩大领域来对知识学习的局制及功效进行审视，随后才可以明确这些局限及功能的内容。

知识学习所拥有的发展意义及功能，也就是知识的教育意义及功能，都指的是在发展学生素质的过程中具有的作用及功效。有学者认为（刘月霞、郭华，2018），知识所具有的教育意义是指知识在改组及改造学生经验过程中存在哪些良好作用；在发展学生自身素质方面存在哪些良好作用；在学生构建自身素质过程中存在哪些良好作用；在学生成长过程中存在哪些良好作用。知识内包含的发展意义及教育意义，便是培育人的意义，而教与学的意义在其中并存。所以，有关知识学习的发展意义及功能、知识的发展意义及教育意义等的文章，都存在进一步探讨及严肃整理的价值。

在国外，人们对知识的价值与功能问题比较关注。日本学者堺屋太一甚至预测未来社会将是一个“知识价值社会”，人类将不得不面对“知识价值革命”。这种知识变革指的是，因为人口、资源形势与技术的改变，会形成以知识价值为主要积累资本及发展经济来源的知识价值类型社会，并以此而在社会上出现大的革命，来大幅度地改变人们的审美观及伦理观。在教育领域，就算不同流派的学者都着重关注知识所具有的意义，但教育的不同思想及不同流派通常具有的知识价值观不同。例如，永恒理论着重关注的是知识的永久意义，认为知识学习具有的价值并非会由于时间的变动而出现改变，也不会由于主体的不同而存在区别。所以，教育要经由让学习者阅读历史、文学、科学以及哲学等有关著作，使学生从著作中了解人们广泛关注的难题（陈佑清，2010）。进步理论则强调知识的实际应用价值。这种实际应用价值，是把知识具有的作用当作评断准则，而知识所具有的真理性及价值性具体表现在其自身的有用性上。建构主义教育流派主要关注知识的“意义建构”。建构主义认识论是我国新课程改革的主要理论基础。建构主义对知识的价值与旨趣的分析，是从一种知识与人的关系视角切入的。知识是对世界的探索与意义赋予，每一种理论与法则的建立都隐含着科学家们的科学探索精神和科学方法的运用，即隐含着知识的建构过程。因此，知识的意义在于了解知识是怎么发生变化的，进而获得与掌握，并运用探索世界的精神与方法，创造与建构知识的丰富意义。

在中国，余文森教授基于个人的发展，对知识所具有的教育价值进行了解释：一是育人性，也就是自身具有的价值，涵盖育美、育德及育智三方面价值；二是多样性和一般性价值。王道俊先生觉得在教育学中有关“知识的教育意义是什么”这方面的研究并不充分，他将知识的教育意义整理为三方面，即实践的教育意义、自我思想的教育意义、智能或认知的教育意义。阎亚军教授将知识具有的存在论及认识论两方面的意义作为切入点，解释了学生和知识间的深层联系。知识教学在学校中不能只限于利用对知识的传授来让学生发展自身的认识能力，还要发现知识在学生发展中的内在意义，也就是经由学习知识，全面发展学生的人格及思想。某些学者认为，知识意义包含内在及外在两层意义。后现代知识理念着重关注知识所具有的建构性，主张个体经由学习对自身意义形态进行构建，偏向于知识中的内在意义，也就是对个人的意义；而现代知识观着重关注知识所具有的客观性，将知识视为制造财富、改造世界的实用工具，偏向于知识中的外在意义，也就是经济及社会两方面的价值。

郭元祥教授突出强调知识的发展功能与育人价值，并指出对学生的发展而言，知识是有待发育的精神种子，是引导学生认识和理解世界、反思和提升自我的一面镜子。学生凭借这面“知识的镜子”能够理解世界，能够进行自我反思与提升。学生通过知识的深度学习可以实现自身的发展，但前提是要深入知识的内核，触及知识深层的逻辑形式与意义系统，而不是仅掌握知识的符号表征。陈佑清教授按照学生学习的直接对象是表征实际事物的符号还是真实事物本身，将学习分为符号学习和经验学习。上述的符号学习，是教学目前主要的实践形态，其将书面内容作为学习对象。而经验学习则将具体事物作为学习对象。在学生的发展过程中，二者存在不同的发展局限及功能。要想培育顺应我国时代发展的新型全面人才，不仅要明确这二者的独立教育地位，还要对二者的互动及关联引起足够重视。

四、知识学习在教育中的定位

基础教育范畴内长时间进行的有关“看清知识”的思想探讨，能够看出知识问题在教学革新中的重要地位，以及知识学习对于学校教育所具有的重要意义。知识学习在教学中的位置往往会受制于两种极端的看法：一种是神化的知识价值，认为知识在发展人的过程中不受限制，进而将知识作为学生学习的所有及唯一对象；另一种则认为“知识无用”，否认知识存在的育人功能，进而不把知识看作学生学习的对象。所以，在教学质量得到全方位提升的新时期，人们应再次对知识学习的地位进行考虑，回顾知识学习在学习实践内的独特性、在教学中的重要作用和发展学生的有限性。清楚了其在教育中的位置，以便于为知识学习促进学生全方位发展制定目标，即教育方式的选取、学习活动的结合以及基础知识的架构。知识学习既有发展的功能，又有发展的局限，所以教育教学革新的思路之一，便是其作用及功能的充分发挥及问题和局限的及时规避。总之，我们应当提升教学实践的全方位发展功效，更新人们的学习观及知识观。

要明确知识学习身处教学中的位置，确立全方位发展学生的教育前提便是主要的依据及条件之一。由于教学目的主要是让学生获得全方位的发展，知识学习能否让学生全方位发展的教育前提得到满足，是实际判断知识学习身处教学中位置的主要指标。换句话说，知识学习身处教学中的位置，取决于发展知识学习的局限及功能。过去人们无法明确知识学习身处教学中的位置，主要是由于教学所具有的双重特性：一是弊端，即教学和实际生活间的关联容易断开，这在学生全面发展领域中来说是存在局限的。二是优势，即教学可以更快地让学生掌握科学知识体系，为其全方位发展提供科学方面的根基，并为其整体发展给予优良的前提及机会。知识教学中同时存在这两种特性，这让教学实践活动时常陷于困境之中（王策三，2005）。

（一）知识学习在教学中[illegible]

知识是一个人改造自我、社会及[illegible]主要手段。人们若想有效、科学地参与活动，就要掌握有关知识。人[illegible]体全方位发展的实现，需要掌握延续生存所必要的生产类型知识，有关活动对象的事实类型知识，对自我学习进行科学监督及安排的元认知类型知识，对行动及观念起到主导作用的价值知识，以及和他人正常往来的伦理类型知识，等等。如果上述知识有所欠缺，人们便无法获得满意的实践活动结果，乃至无法正常参与其中。依据“五育并举”的准则，教学要求学生拥有审美的相关知识、理智的相关知识、劳动的相关知识、道德的相关知识以及身体的相关知识。在全世界都着重关注学习人员核心素质发展的环境中，知识教学是发展学习人员核心素质的主要焦点。

就知识学习所具有的发展功效而言，知识学习是教育教学中必然存在的学习行为。首先，知识学习可以为学生的全方位发展给予认知方面的根基。当学生积极参与知识学习的实践活动时，其数理逻辑和语言方面的才能，也就是认知素质能够得到进一步发展。发展学生素质的经过在一定程度上就是一般知识经由内化变成学习者自身知识的历程。其次，知识学习能够为学生的全方位发展给予间接性的指导经验。学生通过学习有关知识，能够跨越本体在认知和时空方面的局限，和前人进行交流，并掌握其留下的宝贵指导经验。最后，知识学习能够把学生向学习主体的方向培养，让学生变成终生践行学习以及会学习的人。在知识学习的实践中，学生所形成的顽强精神、自律意志及优良习惯，对改造学生品性方面起到深远影响。一个人的知识量若是不丰富，则他便不具备和别人往来的谈资，和别人辩论的底气及勇气；相反，若一个人擅长知识学习并以此为乐，他所具有的深厚知识便会潜移默化地让他产生和别人往来的自信。

就教学的目标要求而言，教学目标是全面、多元及丰富的，其包含思维品质的发展、科学知识的传授、道德感情的培养、基本技能的锻炼等。审美情趣、道德品行、劳动技能及身体素质等教学目标的完成并不是凭空就能达到的，达到任何教学目标都需要学习人员学习相应的知识并内化为自身的知识。根据内化的前提而言，知识活动是不可缺少的。本质上，内化就是学生在体验及完成实践活动后出现的符号化（言语化）、简缩化及概括化的过程（陈佑清、曹阳等，2018）。所以，学生的内化过程，就要求开展相应的符号活动及知识训练。

总之，学生的全面发展离不开知识，知识的学习是学生全面发展过程中的重要环节。不管是处于农业耕种的时期，还是人工智能的时期，学习书面内容知识都是全面发展的前提。因此，在教学过程中知识学习的位置不会跟随时间的流逝而出现变化，教师在教学中务必要合理引导学生进行知识学习，否则学生的全面发展就是纸上谈兵。

（二）知识学习在学习活动中的特殊性

教学实践活动以产生及传递学科知识为主体而开展，但应防止出现不合理的“知识化”。教学把各种知识内容所包含的人类精神和物质文明，变成学生所具有的身心素质，使本体得到满意与幸福，并使其行为满足社会行为条规的需求。学生每项素质的发展都离不开指定的学习实践活动，因此，要达到学生的整体素质提升，全方位的发展，或者说完整个体的成长，就要开展多维环境的学习，使学生离开书面内容学习后，还可以开展反思学习、交往学习、时间学习、操作学习及观察学习等。所以，人们务必要清楚在学生的发展及学习中知识学习所具有的特殊作用，辨别出知识学习和其他类型相比所具有的独特性。知识学习的独特性一方面在于发展学生的有限特性，另一方面在于自身的本质特性。

就知识学习具有的特性而言，知识学习的形式和对象存在间接性。学生在知识中心引导下的学习，基本集中在怎样内化、记忆及理解书面内容上，知识学习是学习者参与任意学习实践活动的重心。经由学习书面内容来得到人类常年累积留存的经验及认识成果，从而把这种达到学生发展的形式看作“认识捷径”。知识学习中存在的捷径能够跨越个人认知、空间及时间方面的限制，为教学提供巨大的优越特性。然而，知识的教学无法确保学生经历认知的完整活动，并且摒除了学生出错的机会及权利，还易于致使学生的认识动机不足，还相对削弱了直接经验对学生发展所起的作用。教育历史中实质教育流派及形式教育流派的辩论的关注点，便在于能力的发展和知识的学习二者之间关联的问题，即在教育中知识身处何种地位的问题。事实上，经验学习和知识学习二者是彼此促进、同时进行的，这二者应当互补互助，一同推动学生发展。

形势教育流派强调的是个体的天分感官，重视发展学生的能力；实质教育流派则强调的是知识在人们现实需求方面的满足，关注知识教授的价值。教育实践有时着重于发展学生，有时着重于掌握知识，这是长时间存在的一种来回在儿童及知识间摆动的现象。现代教学论则主张发展儿童和掌握知识之间是不可分割的。教学不能单单强调传授知识，也不会全然偏向发展儿童，这二者本就是相辅相成的一个总体。学生在对数学、语文及其他内容进行学习的时候，会把形成于知识学习实践中沉着思考的习性、自制力、形象力及好奇心等美好的品性，应用到现实生活的其他范畴中。

就知识学发展学生的有限特性而言，知识学习在发展学生过程中所存在的独特性体现在两方面：

一方面，纯粹的知识学习实践活动会对学校教学所存在的内部价值产生损害。当下，许多人认为“读书无用”“教育无用”，这和对学生学习整体过程起着主导作用的知识学习关系十分紧密。在学校教育把发展与培养人的重点放在知识教学上，乃至将其当作所有及唯一的内容，知识学习变成学生学习全部的实践活动时，会在很大程度上对学校教育存在的内部价值及功能产生损害。美国学者丹尼尔·科顿（Daniel Cotton）曾列举和论证了过于功利化的教育是无用的。

另一方面，学生仅仅关心知识学习会使自身的发展受限。在内尔·诺丁斯（Nel Noddings）看来，一个全面发展的人，一定也是一个会关心别人，同时也值得被别人关心的人。在学生的发展过程中，不能完全只关注知识，还要引起对周围的物、事、人，以及本体的思想的关注。如果学生全身心投入书面知识的学习中，整体都沉浸在了技巧及事实中，则其发展就会受到局限，乃至趋向于片面性。诺丁斯在思考教育时具有独特的观点，她不在创新及优化实际教育方式所停滞，而是将教育目的定为“学会关心”，提出和传统知识教育不同的模式。此教育模式并非脱离知识学科，而是围绕关心连通每个教学工作，即关心物质世界、关心他人、关心知识、关心自我及关心动植物等。诺丁斯在其《学会关心》一书中，深刻批判了传统的学科教育强化对学生进行学术训练，让学生只对知识进行关心，导致学生在生命关怀、人际交往及自我意识等层面的发展不够充分。我们要承认“知识的力量”与知识的价值，同样也不能否定知识可能对人产生的束缚与奴役。鲁洁先生曾经说过，知识得到之时，也就是人自身、人的生活被异化之时。

知识学习在学生发展的过程中所产生的影响具备有限性。知识学习并不在学生学习的实践活动中一直位于首要位置及中心点。教育实践并非训练技能及传递知识的发展经过，把掌握知识当作教学目标的观念是具有局限性的。美国教育学家坎贝尔（Campbell）概括了学术界对“在教育过程中强调知识”提出的四种反对意见：

第一，知识所具有的时间效力过短，真理的改变十分迅速，因此不能将其当作优良的教育工作重点。

第二，纯粹的知识无法确保让人能够幸福、善良及智慧。

第三，人们的记忆受限于遗忘规律，所以不赞同在校内强调知识。

第四，由于人类积累知识的速度激增、领域极广，想要找到其中有价值的所有知识，乃至跟上新知识发展的希望十分渺茫（鲁洁）。这些“反对意见”昭示着，在教育当中试图仅仅通过知识传授的方式来实现人的发展既不可能，也不现实。知识学习在学生发展中的作用和功能具有一定的局限性。

（三）知识学习促进学生发展的可能性

知识学习具有促进学生发展的可能性，但不具有实现学生发展的必然性和充分性。虽然说前文中阐述了“知识学习在教学中的必要性”，也能够说明知识学习具有促进学生发展的可能性。但这是因为在教学过程中人们常常将这种可能性放大为必然性。

严格来说，不是知识具有意义，而是学习知识具有意义，不是“知识促进发展”，而是“知识学习（的过程）促进发展”。知识承载的是可能的意义，教与学的根本任务就是将这种可能转化为现实。达到知识所具有的多维意义，取决于其对人的发展能否起到作用，所有事物并非天生就是一个问题或发现，成为问题的原因在于它让有些人产生了困扰及迷惑，而成为发现的原因在于它解脱了困在问题中的那些人。知识意义同样并不是天生就存在的，而是在科学的教学过程中产生的。针对这种现象，构建理论知识认为，知识并不是确定和客观的，其意义的产生需要个体构建。

科学地把握知识学习在教学中的地位，必须审慎地对待知识学习对于促进学生发展的可能性。袁隆平院士面对采访时讲到自己成功的八字箴言：灵感、知识、机会及努力。这能够看出在对人的发展存在影响的这些要素中，知识只是其中的一个，个体想要得到发展不仅要具备深厚的知识，还要具有一定的时机、乍现的灵感以及足够的实践。从教育学的视角来看，学生发展的完成要具备相应的教育环境。知识学习是否能够对学生发展起到促进作用，决定于知识学习是否能够符合当中的相应条件。

知识学习是否能够对学生的发展起到促进作用，主要在于知识学习能否依循人所具有的素质发展体制。就启动素质发展的体系而言，学生只有在学习行为中积极投入、内在寻求，才会实际步入积极发展的道路。所说的积极活动，也就是能动且自发的活动。显然，这种关于能动活动的解释与罗杰斯的“自由学习”的内涵十分相似。在学习情境中，对本体改变产生影响的主要原因便是个人对生命意义及目的做出的承诺。只有个体决定要积极做自己、有意义的生存、成为有价值的人，才会进行改变。因此，某些学者把自主及自由的学习行为看作学生整体发展的关键。自我意识的加强是推动儿童在教学中整体发展的力量来源。就运行素质发展的体系而言，发展学生素质的关键因素及根本体系便是主动的互动。只有知识活动处于主动的活动内，才可以让自身素质得到发展。发展具体的活动素质和能动的活动有着密切关联，就算是发展学生在认知方面的素质，也照样要学生开展主动的活动。没有经过学生内化、理解及加工的知识，不会成为学生的自身素质。学习书面内容基本上是一种加工认知的过程，因此它在推动学生发展认知的过程中存在独一无二的优势。而若想达到学生的整体素质能力发展，或者全方位的发展，就要求学生主动参与多样的活动。学生的主动活动可以在任何地点、任何时间进行，即能够在教学过程中进行，也能在课间瞬时进行；可能在平日活动中进行，也可能在课堂活动、学校活动中进行。

在目前的学校教育过程中，实现学生的发展基本依靠教师引导学生对书面内容进行学习，这使许多人在理解学生发展时选择从学生在获得知识时具有的变化入手。人的发展指的是人在品性、特点、身心特征等方面发生的改变，这种变化原因或许是其他活动过程或学习生活（包含人际交往、亲手操作等），也或许是学习知识。对此，要分辨素质发展和知识获取间存在的关系。在具体活动中有两类人，一种是拥有的书面知识不足乃至不具备任何书面知识，但具有高水平的某些身心素质方面发展，如某些文盲；还有一种人，拥有大量的书面知识，但身心素质方面的发展水平较低。这二者的存在能够充分证实，个体的身心素质和他所获得的知识之间并不一定是正相关的。这大部分是由于，个体获取的知识分为两部分：实际内化的知识与单一记忆的知识。前者关系到人的素质发展，而后者和素质发展却不存在关联。而不同人获取这二者的比率各不相同，进而他们的身心素质具有不同的发展水平。所以，不可单纯地把个体获得的知识视为其具有的素质。

第二节　技能的学习

一、操作技能的学习

（一）操作技能的定义

操作技能是通过学习而形成的合乎法则的操作活动方式。操作技能的范畴很广，如生产劳作中的刨、锯等行为形式；体育中的打球、游泳等；平日活动中的骑车、行走及写字等。人早期的动作是笨拙的、失调的。通过训练，完成动作的形式逐渐得到稳固，熟练之后，某些行为就脱离了意识，成为自动化的行为。

（二）操作技能形成的阶段

1. 菲茨和波斯纳的三阶段模型

菲茨（Fitts）和波斯纳（Michael Posner）在 1967 年提出了经典学习阶段模型。他们提出学习一项操作技能包含三个阶段。第一阶段为认知阶段，也被称为知觉阶段；第二阶段为学习的联结阶段，也被称为改进精炼阶段；第三阶段为自动化阶段，也被称为自主阶段。

（1）认知阶段。认知阶段作为初始的学习阶段，学习人员往往会试图回答该器械的最佳握法是怎样的、该将肢体挪动到什么位置、制定何种目标等问题，此外，当学习人员接收到教练的回应时，他们肯定会存在一定的认知行为。在早期阶段的训练中会发现大量的失误，而这些失误通常是严重的错误。同样的，早期阶段的操作也非常容易出现改变，这次训练与下次训练不太一致，而且就算学习人员或许察觉到自身的行为是错误的，往往也不清楚怎样进行纠正。

（2）联结阶段。中间的学习阶段，意味着早期阶段的认识行为逐渐出现改变。在本阶段中，人们把精力基本放在怎样顺利地实现技能，而且让它在本次训练和下次训练中保持一致性。操作过程出现的变化性逐渐降低，同时人们获得察觉失误点的能力。

（3）自动化阶段。在最终的学习阶段，此时的技能大致已具备习惯化及自动化，人们不会再去特意地思量正在做的事情，这是由于在实现技能之后，不再需要详细考虑细微部分了。在最终阶段，操作的可变性极小，熟练操作的人们可以实现动作之间的过渡。此外，操作熟练的人员可以察觉自身的失误点并通过合理的方式进行调整。菲茨和波斯纳指出，并不是每一个人学习一种技能都可能达到这一阶段。练习的量、指导和练习的程度是决定最终阶段成果的重要原因。

2.冯忠良的四阶段模型

我国著名教育心理学家冯忠良通过分析和研究操作技能形成过程中的动作特点，认为操作技能的形成过程可以分为操作的定向、操作的模仿、操作的整合与操作的熟练四个阶段。这一理论，目前对我国的学校教育产生了积极的影响。

（1）操作的定向。了解操作活动的结构与要求，在头脑中建立操作活动的定向映像过程。

（2）操作的模仿。通过观察实际再现特定的动作方式或行为模式。

（3）操作的整合。把模仿阶段习得的动作固定下来，并使每个动作成分相互结合，成为定型的、一体化的动作。

（4）操作的熟练。操作的熟练是指所形成的动作变式对各种变化的条件具有高度的适应性，动作的执行达到高度的程序化、完善化和自动化。

（三）影响操作技能的主要心理因素

1. 内部动机

李少丹、冯炳辉在研究影响形成操作技能的内心因素时指出，科学合理的学习动机可以促进学习者积极能动地学习以努力完成学习任务，从而实现自己的目标。无论动机是外加的还是自发的，对获得操作技能的影响都非常大。

廖祥龙在影响体育教育专业学生操作技能绩效的因素的研究中指出，体育教育专业的学生在操作技能方面的绩效取决于其学习动机的发展水平，对其施展已获得操作技能以及个人能力具有直接性的影响。他们若在某个运动上存在兴趣，就会希望对它进行探究，投入理解、注意、训练及观察上的精力将会越多，学习便更具能动性，学习效率得到大幅度提高。此外，周建华、王元指出，学生各异的心理动机发展水平会对生成操作技能产生影响。这是由于在具有过高的心理动机时会出现刺激，让大脑中的皮质细胞开始兴奋并进行外散，脱离了原来稳固动作中临时形成的稳定条件反射，致使出现失误动作。相反的，具有过低的心理动机时，学生本身的自信就会明显不足，致使出现惧怕思想，在大脑皮质中偏向于进行抑制反射，致使出现失误，不能正确完成动作。许明荣在研究 200 名学生的调查问卷中发现，有 70% 的学生由于存在不确定的学习动机而对生成操作技能产生影响。

2. 自我效能感

张力为、任为多指出，自我效能感直接影响着体育教育专业学生的情绪和参加体育活动的积极性、主动性和能动性，并对学习动机水平的形成产生积极和消极的影响。相关研究显示，自身具有越高的效能感，就会越努力，也就拥有越高的运动绩效，如出色运动员的自我效能感明显高于普通的运动员。李琳琳指出，在高山滑雪操作技能学习过程中，因为学习人员的学习能力及自我效能感是和操作技能水平彼此作用且影响的，因此学习人员拥有越高的自我效能感，就能在获得操作技能方面越快，越能具备优良的技能发展水平。

二、智力技能的学习

现代认知心理学把知识分为陈述性知识和程序性知识两类。由于运用概念和规则办事的指向性不同，程序性知识又可分为两类：一类是运用概念和规则对外办事的程序性知识，主要加工外在的信息，叫智力技能；另一类是运用概念和规则对内调控的程序性知识，主要是调节和控制自己的认知加工活动，叫认知策略。本节主要阐述智力技能的理论与培养问题。

（一）智力技能的理论

1. 加涅的智力技能层次理论

加涅的智力技能层次理论把智力技能分为五类：一是辨别，即区分事物或符号之间的差异。例如，儿童对物体的不同特征，如形状、大小、颜色产生不同的反应。二是具体概念。具体概念可以通过观察事物的具体例子而获得。例如，把大小、形状和材料不同的水杯，都看作“水杯”这个类别的实例。三是定义性概念。定义性概念不能通过具体例子而获得，只能通过学习分类规则而习得。例如，数学中把 2、3、7、11、17、19 等数分成质数一类，把 4、6、9、10、12、14 等数分为合数一类。四是规则，即学生运用单一规则办事，能够对一类情境做出一类反应，而这类反应代表一类关系，如学习者对 3+1、4+6、2+4、8+6 做出的反应是将各组的每个整数相加。五是高级规则，即在学习中学生常常要将多个规则结合起来才能解决问题。

加涅认为，这五类智力技能存在着由简单到复杂的层次排列关系，高级规则以简单规则学习为前提条件，规则学习以定义性概念学习为前提条件，定义性概念学习以具体概念学习为前提条件，具体概念学习以辨别学习为前提条件。在智力技能的学习层次中，如果没有先学习较低层次的技能，就不能获得较高层次的技能，即较高层次技能的学习必须以较低层次的技能为基础，这是智力技能层次理论的基本思想。加涅指出，智力技能的重要特征是任何一个智力技能的学习都依赖于过去学习的其他比较简单的技能。

2. 加里培林的智力技能按阶段形成理论

学者加里培林认为，智力技能和具有外显性的具体动作相比是不同的，但它产生于具体动作，并反映了外界的具体动作。智力技能是经由内化具体动作而得到的，而内化具体动作过程中存在多个阶段，且智力技能的发展水平及本质特性在各个阶段都是不同的。加里培林认为这一转化过程经历了以下五个阶段。

（1）活动的定向阶段。活动的定向阶段指的是熟悉、掌握活动工作，让学习人员明确以及“做何种事情”“如何做”，进而将定向活动的映像形成于大脑当中。该阶段要向学生揭示所定向的学习内容，介绍学习的对象，提出动作中所包括的操作与完成这些操作的程序。以学生学习加法运算为例，在动作的定向阶段教师演示这种运算时，要使学生知道加法运算的目的是求几个数量的和，知道运算的客体是事物的数量，知道运算的操作程序及方法。这一阶段的特点是智力活动本身外部化，以物质或物质化的形式向学生提示动作本身，这时学生还没有亲自行动，只是理解这种动作的逻辑和实现这种动作的可能性。

（2）物质和物质化活动阶段。物质和物质化阶段是借助实物或实物的模型，如图解、标本和蓝图等进行学习。物质活动是以实际事物为客体的操作，物质化活动是以实际事物的代替物为客体的操作。物质和物质化活动都是让学习者亲自操作客体的外显活动。在学校教学中，物质化活动更为常见，它能使学生通过外部物质化活动进行智力操作，并保存了形成新智力活动的自然操作程序。

（3）出声的外部言语阶段。出声的外部言语阶段是以出声的外部言语形式完成实在的活动，此时智力活动已经离开了实物或实物的替代物，而代之以外部言语为支持物，以出声的外部言语形式完成实际的活动。这一阶段是智力活动由外部的物质活动向智力活动转化的开始，是智力活动形成的一个重要阶段。例如，在加法运算中，在儿童面前摆出两组不等的实物，让儿童数一数两组实物，然后把实物收起来，让儿童用出声的言语计算出结果。

（4）无声的外部言语阶段。无声的外部言语阶段活动的完成是以不出声的外部言语形式进行的。这种不出声的外部言语看似简单，其实它需要大规模的改造语言体系。无声言语作为大脑、口、耳朵、眼共同协调的活动，目前只使用了头脑和眼睛。所以，该言语方式需要被再度进行理解及学习，这在从朗读向默读转化的儿童学习过程中能够明显看到。加里培林认为，不出声的外部言语形式活动的形成，是活动向智力水平转化的开始。

（5）内部言语阶段。内部言语阶段是活动达到智力水平的最后阶段，是经过简化处理的智力活动，几乎不需要使用意识就可以实现自动化的阶段。通常情况下，由外部言语过渡到内部言语，不管在结构层面还是在语言机制层面，都出现了重要的改变。在机制层面，外部言语作为和其他人来往的方法，是导向他人的；而内部言语全然丧失了以上功效，是为“自己用的语言”，是为智力活动的进行而服务的。在结构方面，内部言语常常被简编得不合语法结构，主要是带有谓语的性质，不再是扩展的与合乎语法的了。

3. 智力技能学习的过程与条件

依据加涅的智力技能层次理论，要理解智力技能的学习过程和条件，就必须清楚构成智力技能的每种子技能的学习过程与条件。下面，笔者分别阐述每种子技能的学习过程和条件。

（1）辨别学习。辨别是指对刺激物的不同物理特征做出不同反应的能力。学会辨别在日常生活和学校学习中有重要意义，如辨别形状、大小和声音等是生活的基本能力，也是学习知识和技能的必要条件。辨别学习是智力技能的最低一级技能，是获得概念和规则的先决子技能。虽然辨别能力是在儿童发展过程中获得的，但在学校教学中，特别是在小学阶段，辨别学习仍然很重要。因此，教师要知道辨别学习的前提来促进学生学习。辨别的前提有三个：一是重复，涵盖反应及刺激的重复；二是刺激接近于反应，即出现刺激后要马上让学生进行反应；三是反馈，适时对学生反应进行否定或肯定的断定，来对学生辨别的精准化及分化起到促进作用。研究表明，在没有反馈信息的条件下，单纯的重复也能提高知觉辨别能力。

（2）概念学习。概念是指符号所表征的具有共同本质特征的一类事物或性质。例如。“三角形”和“诚实”两个词（语言符号），分别表征桌子（具有共同性质的一类物品）和诚实（一类行为的共有特征），这两个词分别表示两个概念。概念是有一定结构的，每一个概念都能够以四个角度进行辨析，分别是概念例证、概念名称、概念属性及概念定义。概念例证指的是具体的概念实例。概念名称指的是使用词汇命名概念。概念属性是指一类事物的共同本质属性。概念定义是对同类事物的共同本质属性的概括。

概念学习的实质是掌握一类事物的共同本质属性。例如，学习“鸟”这一概念，就是掌握“有羽毛”是鸟类的本质特征。同时概念学习也意味着学生能辨别同类事物的本质属性与非本质属性，因为一个概念的正例既包含本质属性也包含非本质属性。比如，学生掌握了“鸟”的概念，就能够指出鸟的大小、颜色，是否会飞等非本质特征。在加涅看来，概念学习实质上是属于智力技能的学习，即学习者获得对一类刺激做出一致反应的能力。

概念可分为具体概念和定义性概念。两种不同概念的学习过程和条件是有区别的。一般来讲，具体概念学习的主要方式是概念形成，就是从辨别例证出发，逐渐发现概念属性的方式。定义性概念主要是通过概念同化的方式来掌握的，就是通过下定义的方式揭示某类事物的共同属性，使学习者通过把新概念与认知结构中已有的相关概念加以联系来理解概念的本质属性。

不管通过哪种方式学习概念，当学生理解并能用自己的语言陈述概念属性时，仅表明智力技能的学习达到了陈述性知识的学习水平。概念学习要想达到程序性知识的水平，即学习者能够在不同的情境中灵活应用所获得的概念，则需要进行大量的变式练习。

（3）规则学习。人们在科学研究和社会实践中发现的规律、定律、计算公式等都是规则。规则是对事物或属性（概念）间关系的陈述，通常以命题或句子来表达，如“热胀冷缩”陈述液体体积与温度之间的关系。规则学习的首要任务是学习者先通过将所学规则与已有知识相关联以获得规则含义，这时学习者获得的知识是陈述性知识。规则作为一种智力技能，其学习的实质是应用规则灵活解决不同情境中的问题。因此，规则学习的关键是使陈述性的规则知识转化为人们解决问题的能力，也就是通过一定的练习让规则支配人们的行为，这时规则就转化为人们做事的技能了。

（二）智力技能的培养

根据智力技能学习的一般条件，教师可以采用下列教学策略促进学生智力技能的获得与提高。

1.展开与分解性策略

在智力技能的教学中，教师应重视向学生演示展开的、完整的、精细的心智操作程序的过程，以帮助学生明确操作程序及操作步骤。所谓展开性策略，就是指在教学过程中将智力活动中所包含的各项操作详尽地展现出来，引导学生完整地进行这些操作从而获得相应的智力技能。所谓分解性策略，就是在教学过程中注意将完成某类任务的完整思维过程分解为几个阶段，总结并训练学生掌握每个阶段的最佳心智动作方式和可能心智运作方式，再将它们连贯起来。这种分解式训练比笼统的综合训练更能提高学生建立子目标和解决问题的能力，防止学生形成不适当的心智操作组合。

在智力技能学习的初期，教师在呈现智力操作的各个步骤及步骤之间的关系时，要适当降低示范速度，防止信息负担过重。这是因为初学者需要在工作记忆中保持和处理接收到的信息，而工作记忆的容量有限，很容易因新的信息量过多而超载。当超载发生时，学习便不能正常进行了。

2.变式练习策略

练习是智力技能获得的必要条件，是规则的陈述性形式转化为程序性形式以支配学习行为的重要途径，也是智力技能自动化的唯一方法。因此，教师在智力技能的教学中，提供的练习应该数量充分，难度多样，安排合理。在学习初期练习的速度要慢，问题要精，一次练习时间不宜过长。等一个新的心智动作完全程序化后，再用较大量的练习进行加深、巩固、提高和熟练化的训练。这时练习要变换多种题型，逐渐增加难度，以增进智力技能的灵活性和熟练性。

所谓变式，是指在提供感性材料或例证时，要不断变换呈现的形式，使其本质属性保持不变，而非本质属性不断变化。变式是促进概括化的最有效方法，是促进学生理解概念和规则，促使概念和规则在不同情境中迁移的重要手段。变式的运用并非越多越好，而是要注意选择典型的、特殊的变式。运用少而精的几个变式的效果常常要比运用许多同类变式的效果好得多。

3. 反馈策略

反馈作为确保智力技能保持精准性的有效方法，其基本原则为准确、及时。反馈信息要将重点放在分析操作心智经过的细微部分，而不应随便地回答其正确与否，要使学生清楚自身的失误点，出错的原因是什么。

4. 条件化策略

学习智力技能的最终目的是其在适当的条件下正确运用智力技能以解决问题。要使所学的智力技能在需要时能够迅速、顺利、准确地提取和运用，就必须让学生了解所学技能的适用条件。因此，教师应该经常提醒和帮助学生进行这种将智力技能条件化的工作，即明确智力技能的运用条件。

第七章　学习的迁移

第一节　学习迁移概述

一、学习迁移的概念

一种学习对于另一种学习的影响，或习得的经验对完成其他活动的影响，我们称之为学习迁移。这种影响从时间角度分析涉及两方面内容：一方面是后续的学习对以往学习的影响，另一方面是以往学习对后续学习的影响。而影响产生的效果也有两方面：一方面是消极影响，另一方面则是积极影响。学习迁移的现象在我们的工作、生活与学习中极为常见。比如，会弹奏古筝的人去学习扬琴会比其他没有基础的人快，因为存在共通性；会打排球的人，打篮球也不会太差，因为都属于动作技能方面，可以形成某种迁移；从小对自己严格要求的孩子，长大参加工作之后，也能在工作中做到精益求精，这是一种学习习惯与学习态度的迁移。由此可见，学习迁移不仅对个体而言极为有益，对于整个社会的发展来说也大有裨益。

以往经验会影响到个体对待某件事的判断。这样的事例在现实生活中比比皆是，而且大多数都属于自发性的，而真正有益的迁移却不全是自发性的。因此，研究学习迁移这一行为并发现它的规律，可以让学习迁移更好地发挥作用。

二、迁移的种类

迁移种类划分的标准有很多种，常见的分类标准有以下几种。

（一）从迁移结果上看，可将迁移划分为正迁移与负迁移

人们通常提到的正迁移，主要表现为一种学习对于另一种学习起到积极的推动作用，促使全新的学习变得更加轻松，使学习者具有举一反三的能力。正迁移体现在以下三方面：第一，具备接受新知识与新技能的良好心理素质。第二，可以促使学习者对全新领域的学习深度加大，且能增加单位时间内的学习量。第三，减少学习者学习新知识、新技能以及练习的时间。

世间万物彼此相通，因此正迁移的事例时有发生。比如，学习舞蹈的孩子，会将不服输、能吃苦的精神运用到日常文化知识的学习上面；人们经常说数、理、化不分家，学习数学时具备的逻辑思维能力，也会体现在物理与化学的学习上面，所以说，学好数学可以为学习物理与化学奠定基础。

所谓负迁移，主要指的是一种学习对另一种学习没有起到正向与积极的推动作用，而起到的是一种消极与破坏性的影响。比如，一名学生在学习数学时，有一个章节的内容没有掌握扎实，在之后的知识学习时便会感觉到吃力，学不懂、学不会，从而产生消极厌学的情况；又或是由于学习者没有养成正确的学习习惯，从而导致在之后的学习中问题百出。

（二）从迁移产生的情景来看，可将迁移分为横向迁移与纵向迁移

横向迁移也叫水平迁移，这种迁移体现在两种不同学习在学习难度与学习内容之间的迁移。比如，要想学好物理斜面物体加速度的相关理论知识，对数学课上所学的三角方程式这一概念的应用显得尤为重要。所谓纵向迁移，主要是指两种学习在概念性、难度上存在某种差异并形成影响，具体来说，就是掌握相对较为容易且具象化的知识有利于学习相对难度较高且较为抽象化的知识。比如，学习狗和猫的相关概念，对于掌握哺乳动物这一概念极为有利。究其原因在于，在原有的知识理论基础之上，形成了一种具有概括性与普遍性的总结。当然，纵向迁移还

包括抽象概念对具象化知识学习产生的影响。

通常情况下，一个优秀的教学方案设计中会出现纵向迁移。基于此，曾有外国学者提出学习理论应当具有一定的序列与层次，应当将相对较难理解的课题，按照一定的序列细分出不同的因素，然后展开纵向迁移，便于学习者对难题的学习与掌握。当然这种方法大部分也仅限于理工科相关知识的学习。

（三）从迁移产生的方向上看，可将迁移分为顺向迁移和逆向迁移

顺向迁移主要是指原有的知识理论对后续所学知识理论的掌握与应用起到积极的推动作用，促使后续知识学习更加轻松、用时更少，掌握得更扎实。逆向迁移主要是指原有的知识理论对于后续学习新知识与新问题的解决没有发挥应有的作用，而是通过后续的知识，对原有错误或者欠缺的知识部分进行补充与纠正的迁移。总而言之，无论是顺向迁移还是逆向迁移都具有正面影响与负面影响，其影响程度也都存在大小之分。

（四）从迁移的内容上看，可将迁移分为一般迁移与特殊迁移

一般迁移在理论知识间的关联性中体现得并不明显，通常表现为一种原理或原则的迁移，并且有时这种迁移还会发生在两种完全没有太大关联性的内容之间，也表现为一种态度的迁移。此类迁移通常是基于某种学习的态度、动机等因素产生的，但是也有可能是在准备另一种学习内容或者学习策略与方法时产生的。有学者认为，策略与方法会在很大程度上发生迁移，所以说，一般迁移的意义极为关键。而所谓特殊迁移，主要是指某一学科或领域的学习对另外某一学科或者领域的学习产生较为明显且特殊的适应性。

随着研究人员对于学习迁移研究的不断深入，他们又提出了划分迁移的全新方法，且这些新方法是通过从不同的角度与深度分析产生的。对于这些划分方法，笔者在此便不一一叙述了。

三、研究与测量学习迁移常用的方法

在进行学习迁移的研究与测量时，要观察学习者的具体操作，当这

种操作发生变化并且该变化不是由于练习产生的，才可以认定学习迁移是否产生以及迁移发生数量的多少。这些都需要通过适当的实验测量与设计。

有学者对学习迁移进行过科学实验，具体流程是先让被测试对象测试（A），然后进行练习（B），最后再反过来测试（A）。若第二次测试（A）发生了相应变化，则判定为由于练习（B）引起测试（A）发生变化。这种实验过程存在部分漏洞，如果在进行测试的过程中，学习也在进行，那么这种结果极有可能是由于学习带来的影响。

为了更好地对学习迁移进行研究，在测量迁移时要注意区分经过练习产生的作业变化与由于迁移而产生的作业变化。由于迁移产生的方向既可以是顺向的，也可以是逆向的，在设计迁移实验时就要考虑到迁移产生的方向。一般来说，不管关注的是顺向迁移还是逆向迁移，迁移实验通常来说可以分四个步骤展开（表 7-1）：①分班或分组。将两组在知识理论与智商发展水平基本持平的学生划分为控制组与实验组。②实施教学处理。实验分为逆向计划与顺向计划两种，其中逆向计划是让两个组都先学习 A，然后让控制组学习其他与之无关的知识或者休息，让实验组继续学习 B。而顺向计划就是让控制组的学生先学习与之无关的内容或者休息，让实验组先学习 A，然后两个组都进行 B 的学习。③将两次实验的结果进行统计与比较并得出结果。具体来说，在逆向计划中，测量两组的 A，然后对结果进行比较；在顺向计划中，测量两组的 B，然后同样对结果进行比较，最终得出统计结果。④依据实验结论得出最终结果，看学习迁移是否发生以及发生的数量是多少。

表 7-1　迁移实验设计方案

迁移方向	分组	先学	后学	测量
逆向计划	实验组	A	B	A
	控制组	A	—	A
顺向计划	实验组	A	B	B
	控制组	—	B	B

四、研究学习迁移的意义

一直以来，教育心理学的关键课题就是关于学习迁移的研究，它既具有重要的理论价值，也具有重大的实践意义。

从以往的教学实践中可以发现，学习迁移无论是对学生还是教师都极为重要。对学生来说，正迁移有利于学生对知识的学习与掌握；对教师而言，学习迁移更有利于教学质量与教学效率的提高。美国心理学专家曾说过，学校教学质量的好坏，有很大一部分源于学习者是否具备学习迁移能力，教学在某种程度上来说，就是一种学习迁移的体现，若是学习者在学校学习到的知识对于他们日后的学习与生活等方面没有任何帮助的话，那无疑是在浪费他们的时间。从另一个侧面来分析，在如今这个知识大爆炸的年代，“发展智力”与“培养能力”被学校作为教育的首要任务，而这些能力又都与学习迁移的能力以及创造力密不可分。学习能力的高低主要体现在对于所学知识的概括能力和能否在头脑中形成体系。学生具有正迁移的数量越大，说明学生掌握新知识与解决问题的能力就越强，由此可见，“发展智力”“培养能力”与重视学习迁移能力培养的目标是基本一致的。

从理论研究层面出发，学习迁移的研究更加有助于人们对学习的本质与规律的发掘，是学习一切理论的基础。美国的心理学家安德森（Anderson）与辛格莱（Singley）指出，迁移研究其实就是对综合性的认知理论进行必要的严格检验。一方面，学习迁移更加有利于探索心理学与教育发展的关系，具体表现在教学领域主要是学生能否将所学知识灵活运用到生活当中，或者是否能够将所学知识转化成一种学习能力，并且一些在校的行为准则能够转化为学生自身的品德，这些都需要通过学习迁移的研究得到答案。由此可见，学习迁移的研究不仅涉及教育心理学领域，而且对个体认知领域也具有极为重要的意义与作用。另一方面，通过对学习迁移的研究，还能够发现学习的具体规律，从而帮助教师更好地开展教学活动，如让教师更好地了解到学习发生与发展的具体过程，以及学习的结果对后续学习是否产生一定的影响等。

第二节 学习迁移理论

众多专家学者对学习迁移理论的本质与发展历程进行了全方位的深入探索，形成了多种研究理论。

一、形式训练说

“形式训练说”是目前世界上最古老的迁移理论，这一学说是在“官能心理学”的基础上形成的。“官能心理学”由德国的沃尔夫（Wolff）最早提出，该学说的核心论点是个体的各种官能组成个体的心理，如推理力、注意力与记忆力等，这种官能是可以通过定向训练逐步加强与发展的。与此同时，官能的训练若是在某一情境下进行的，当个体遇到相似情境时，此类官能的训练成果便会显现出来，是一种学习迁移的表现。

从教学角度出发，“形式训练说”主要是对心理各种官能的训练与改进，这也是最重要的教学任务之一。个体对某一学科的学习可以训练与改进自身在某一官能或某些官能方面的能力。比如，个体学习数学与学习拉丁语等，就是在提高判断、记忆与推理方面的心理官能能力。同时这一观点还指出，训练难度越大，或者极具深度的练习，学习效果就越好。因此，沃尔夫认为应该加大具有深度与难度的题目训练，这样的训练多了，个体的学习迁移能力提高越明显。而实用性知识通常会随着时间的流逝而遗忘，但是这种形式训练却不同。该理论在欧美等国家或地区盛行已久，直至今日，依然被应用于教育工作中。

20 世纪初，部分学者开始对这一理论提出质疑。1890 年，詹姆斯与其助手进行了一项实验。实验具体内容是让被研究者用若干时间背诵长诗《森林女神》的前半部分，并将成诵时间记录下来，然后再让被研究者记忆长度相同的后半部分，发现大部分被研究者花费的时间有所减少，少数的被研究者表现为记忆方式的改变，而并非官能的提高。通过这项实验，使得形式训练说的理论遭到了质疑。在这之后，尽管众多心理学家进行了更加严密的实验，尽可能从不同的角度来证明形式训练说的科学性，但是，至今仍没有极具说服力的科学实验依据。

二、共同要素说

这是桑代克在实验的基础上得出的结论，要想使学习迁移发生作用，前提条件是训练项目与实验项目或者说迁移项目之间存在某些共同要素，当这种共同要素存在的数量越多时，其学习迁移的数量也就越多。该实验发生在 1901 年，实验内容是让大学生充当被实验者，主要目的是训练他们对不同形状的图形面积的预估能力。具体实验流程如下：让被研究者首先对 127 个不规则图形，矩形、圆与三角形的面积进行预估，训练其对于不同图形面积的判断能力；然后，拿出 90 个长度为 268 厘米且面积不等的平行四边形让这些被研究者进行大量训练；最后，让这些被研究者接受两种实验，一种是让他们对 27 个不规则图形、三角形以及圆的面积进行判断，另一种是让被研究者对 13 个与训练时图形相似的长方形面积进行判断。实验结果证明：被研究者对那些与训练时图形相似的图形的面积判断准确性更高一些，而对没有经过训练的图形判断准确性较低。此外，桑代克为了使实验更具科学性与客观性，他还在重量与长度方面进行了实验，结果与面积实验得到的结论相同，就是经过训练与未经过训练的实验结果截然不同，显然经过训练的内容与被研究对象具有共同要素较多，因此能提高其判断的准确性。这都是源于两者之间存在着一定的共同要素，而并非是一种学习迁移引起的效应。

桑代克的共同要素说主要强调在一般性的学习训练中发挥着重要作用，如提高个体注意力、观察力、记忆力等方面。他认为，形式训练说仅仅针对那些特殊性质的训练，在某一特定的领域或方面，会产生一种态度、方法、事实与技能的学习迁移。

由于桑代克之前所进行的科学实验都属于短期实验，从时间角度层面分析，形式训练说的内容可能存在偏差。因此，桑代克决定进行一个周期较长、规模较大的实验来证实形式训练说的科学性。他先后邀请来 13 000 名学生参与到本次实验当中，要求他们根据个人兴趣爱好选择不同的科目进行学习，科目包括戏剧、数学几何、法语、拉丁语等，时间设定为一年，一年后，再对这些被研究者的智力进行测试。测试结果显示，任何一门学科的学习都不能让个体的智力有明显的提高。因此，他认为形式训练说中强调的学习迁移在这方面并没有发挥太大作用。1944年，再次有研究人员对比进行实验，实验结果与桑代克先前的实验结论相一致，即学习迁移产生的效果并不显著。在此之后，众多的科学研究人员也多次证实了桑代克早期的实验结论。

后来，吴伟士将桑代克的理论进行修改，将其称为共同成分说。这一理论强调学习迁移的发生是需要条件的，并且迁移发生的范围极为有限且具体。该理论指出只有当发生迁移的两种学习情境存在某种共同成分时，迁移才有可能会发生。桑代克认为，具体到个体心理机能发展来说，只有当两种心理机能中具有相同要素时，某一心理机能的转变才能使得另一心理机能同样发生转变。他同时指出，头脑就仿佛是一台对特殊情境才会进行反应的机器。依据桑代克的观点，人类在学习与接受某种新知识时一定是在某一特殊情境下引发的特殊刺激所带来的特殊反应，涉及技能、方法、观念等。由此看来，桑代克所谓的“共同要素”，从本质上来说就是指在特殊情境下的两次学习在刺激与反应过程中存在共同要素，其学习的内容元素也能够做到一一对应。

桑代克的理论观点对教学活动的改进起到了推动作用，主要表现为促使学校开始注重实践应用类学科的开设以及相关教学内容的安排。然而，桑代克的理论也存在某些不利影响，具体表现为过于关注外界环境以及客观因素对学习迁移的影响，而忽视了作为复杂多变的主观因素对学习迁移产生的作用，并大大缩小了迁移产生的范围。显而易见，这一观点是相对片面且机械化的，并未从多个角度对学习迁移理论进行实验研究。

三、概括说

贾德（Judd）的概括化理论指出，桑代克的共同要素说将共同成分作为学习迁移发生的决定性因素，有失偏颇。他并不否认共同成分的重要性，但是它也只是必要条件，而当学习者对学习迁移发生的两种活动具有高度的概括与归纳总结能力，或者说对二者间的共同原理有所了解与掌握时，学习者发生迁移的可能性便越大。

为证明这一观点，贾德进行了著名的“水下击靶”实验。实验对象为小学五年级与六年级的学生。教师将学习能力相当的学生分为甲、乙两组，让他们在水中进行射击活动。其中甲组学生学习过光学折射原理，而乙组学生没有学习。首先让两组学生一起潜入水下 30 厘米处进行射击，击中靶子的人数与情况大致相同，并无太大差别。而当射击活动的情境发生改变时，局面发生了转变。曾经学习过光学折射原理的学生的射击成绩明显优于没有学习过该类原理的学生。究其原因在于学习过光学折射原理的学生，能够在充分消化与理解原理的基础之上，在具体实践中灵活运用该理论。

贾德的实验证明了学习内容的重要性。此后，赫德里克森（Hendrickson）等人为了进一步验证贾德的实验结论，在他的基础之上对实验内容进行了丰富。他将被研究对象分成两个组，即控制组与原理组，同时将原理组的学习内容划分成两个层次——第一个层次为学习折射原理，第二个层次为学习折射理论与水中深浅的比例，并依照此类划分出三个组进行实验。实验步骤为：让实验者在水下 30 厘米处进行射击活动，并且记录下击中靶子所需训练的次数，之后再让这些被实验者依次完成迁移任务，在水下 5 厘米处进行靶子射击。结果证明，学习过理论的实验对象比未学习过的实验对象表现更出色，尤其是学习过水中深浅与折射原理关系的那组被实验者表现最为出色。这也再次证明了贾德理论的科学性，同时也说明，教师在进行教学活动时，要注重理论与实际相结合，强调内容与形式的完美结合。学习者的概括能力是需要通过正确的教学方法引导才可能具备的一种能力，而非与生俱来。可以说，相同的授课内容，采用的教学方法不同，获得的教学效果也会截然不同。

之后的研究者深受贾德“概括说”理论的启发。他的研究理论是对共同要素说的进一步完善，他的研究理论本质上是说发生迁移的两种学习情境应当以相同原理为基础，并且学习者对于该原理具有高度概括的能力。但是概括说这一理论运用到具体的教学活动中时，应当注意要想使学习者产生迁移，应当让他们深度理解与消化原则和原理，这还与学习者的学习能力与学习材料的性质有着密切的关系。原则性的概括能力是随着年龄增长而不断提高的，对于低龄儿童来说，这种能力的培养需要一定的时间。与此同时，在进行知识的概括化过程中容易出现的两种误区：一种是对知识的错误概括化，促使负迁移的出现，从而阻碍了学习者对于知识的掌握与应用；另一种是对知识进行过度概括，将不存在共同原理的两种学习情境生硬地联系到一起，而忽略其中的差异性，导致学习活动无法顺利开展。

四、格式塔关系转换理论

格式塔学派的心理学家们在共同要素说与概括说两种理论的基础上提出了格式塔关系转换理论。他们指出，迁移并非是对两种学习情境中的共同成分或者原理、原则高度概括而产生的，而是对两种学习情境中不同元素间关系的学习与“顿悟”，并强调不同学习经验之间拥有共同的学习关系，从而形成学习迁移的现象。

德国心理学家苛勒在 1929 年进行了一项寻找食物的实验。实验对象选择的是 3 岁幼儿、小鸡与黑猩猩。实验材料选取两张灰度不同的纸张与食物。实验内容是将食物总是放置在颜色相对较深的灰色纸上，被研究者必须要学会到颜色相对较深的纸上寻找食物。每次实验都会用色度更深的纸张替换上一次实验中相对较浅的纸张，在此情况下，上一次实验中的深灰色纸张在本次实验中就变成了浅灰色纸张。如果被研究者这次还是从上一次的纸上寻找食物，那么便证明共同要素说的科学性；若是被研究者是到颜色更深的那张纸上寻找食物，即证明被研究者因为某种元素间的关系而进行的食物寻找判断。由此可见，被研究者的反应是基于实验材料间的关系而进行的，而非因实验材料本身的变化。

关系转换理论不同于共同要素说，它更加注重个体在迁移中发挥的作用。该理论指出当学习者掌握了两种不同事物之间内部关系时，并将这种关系灵活地运用在彼此之间，那么这种迁移便会出现。这种关系的转换也是相对复杂的，它会受到主体各方面情况的影响。比如，以往知识的掌握程度、训练程度以及诱因大小。经过研究发现，以往知识掌握得越扎实、训练程度越高以及诱因越大，转换的可能性也越高。除此之外，智力高低同样影响着知识转换的发生。通常来说，智力越高发生转换的可能性越大，反之，转换的可能性则越小。

实际上，共同要素说、概括说与关系转换理论都是从某一个角度出发对迁移进行的解释与论证。三者之间并非毫无关联，而是可以互相融合、彼此互为依据的。比如，将苛勒实验中两个不同色度的纸张看作两个实验中的相同要素时，这两种理论从某种意义上来说是一致的。除此之外，也可以将概括化视为关系转换理论，换句话说，就是将以往对知识的概括化看作对学习情境关系的概括化，当个体对情境中的关系越了解，就越容易形成两种不同情境下学习的迁移。

五、奥斯古德的三维迁移模式

在结合大量对偶联想学习中实验材料的基础上，奥斯古德（Osgood）提出了学习迁移的三维模式。这一理论主要是从对学习进行的细致且深入的研究得来的，即研究学习刺激、学习反应与学习材料三者相似程度与迁移之间的关系。

对偶联想学习的常见形式就是给学习者一系列的成对材料。这些材料可以是无意义的音节，也可以是词语，如“BSD—AVX”或者“书—汽车”，当然可以是词汇与无意义音节的组合，如“悲哀—KSU”，等等。通常，每对的前一项被称为刺激项目，而后一项被称为反应项目。上述例子中，属于刺激项目的有 BSD、书、悲哀，属于反应项目的有 AVX、汽车、KSU。实验内容是让被实验者看到刺激项目时能够写出与说出反应项目。在此类迁移实验中，通常是通过改变前后两项的学习材料，观察与测量迁移效果。比如，对于“刺激相同—反应不同”的学习，具体来说就是先学习的材料以 A—B 的形式出现，之后的学习材料则以 A—C 的形式出现。

那么“刺激不同—反应相同”的学习，则是指先学习的材料以 A—B 的形式出现，而后学的材料以 C—B 形式出现。如此一来，便可以推断出很多不同类型的学习。比如，将“刺激相同—反应相同”的学习，转换为刺激相同，但是反应由过去相同变为对抗、相似以及不同等多种方式的学习；抑或是反应相同，但是刺激变为无关、相同以及相似等多种方式的学习。

从实验能够看出，奥斯古德与桑代克的理论原理是一致的，都是对“刺激—反应”过程中共同成分对迁移影响的研究，但是不同之处在于，奥斯古德的研究更为全面与精确，他从共同成分的相似性与不同组合的角度对迁移产生的影响进行了研究，由此得出的结论更具科学性，更有说服力。

综上所述，人类对学习迁移的研究大多集中在机械学习以及动物学习领域，但是学习有很多类型，且不同的学习有不同的迁移理论作为支撑，如果采用低级的学习迁移理论来支撑高级的学习迁移现象，或者运用机械学习迁移理论来支撑有意义的学习迁移现象，不可避免地会出现以偏概全的情况。所以，应当选择彼此相匹配的迁移理论与实践活动加以分析。通常来说，格式塔关系转换说与贾德的概括化迁移理论是对机械迁移理论的补充与说明，但是并非适用于人类系统化的学习过程，其应用价值有待进一步商榷。而桑代克的共同要素说与奥斯古德的三维迁移模式更加适用于机械学习，如记忆、知觉方面。

第三节 学习迁移的影响因素方法

目前被教育界所推崇的口号是“为迁移而教”。为了实现这一教学目标，教师需要对迁移产生的条件了如指掌，也要通过学习迁移相关理论的学习，将其灵活运用到教学实践活动中，从而促成正迁移的形成。

一、影响学习迁移的因素

迁移的发生通常是需要一定条件的，受主体因素与客体因素的影响。实际上，迁移作为学习中较为常见的一种现象，应该说只要是与学习有关的因素，或多或少地都会对学习迁移产生直接或间接的影响。

（一）影响学习迁移的客体因素

1. 学习材料的相似性

学习材料的相似性是影响学习迁移产生的关键要素之一，主要体现在前后两次学习材料在知识与技能层面是否存在相似性方面。对有意义的学习方面，学习材料的共同性又有着很多层次。这些层次中有深层次的原理、原则以及结构方面的共同性，还有浅层次的内容与形式的共同性。一般而言，不同层次的共同性对学习迁移产生的影响也会有所区别。以往的研究证实，当两种学习材料的深层次的原理、原则与结构具有相似性时，其表面的内容与形式也相似，这样较为容易形成所谓正迁移，而当两种不同的学习材料，其表现为深层次的原理、原则与结构不同，仅仅是浅层次的内容与形式相同，那么很容易对学习者造成干扰，不利于学习者对于新知识的掌握，也较为容易出现负迁移。这种情况通常会出现在低年龄层的儿童身上。除此之外，通常拥有良好的组织结构的知识、可以引导学习者进行归纳总结以及有着正确的原理、原则的学习材料对于学生掌握新知识与解决新问题极为有利。

2. 学习情境的相似性

学生的学习情境中存在大量具有相似性的条件，如环境布置、测验或教学人员、学习场所等方面存在共同性，可以帮助学习者从不同侧面寻找到相关的学习线索，从而促使学习迁移现象的出现，便于学习与问题的解决。

3. 教师的指导

要想促使学习者在学习过程中产生积极迁移，教师在具体的教学活动中，就应当有意识地引导学习者自主发现不同学习材料间的相似性，形成总结归纳与概括的良好学习习惯，并鼓励他们运用所学的知识解决现有问题，让他们掌握举一反三的能力，这从某种意义上来说，也是在培养学习者的自主学习能力。一般而言，在正确指导下，训练量越大，产生积极迁移的可能性便越大。与此同时，在众多情境中，引导学生的次数越多，迁移的效果也就越大。需要注意的是，教师要尽量引导学生学会独立思考，而不要直接将结果告知学习者，避免影响其日后的自主性学习。

（二）影响学习迁移的主体因素

1. 学习者的分析与概括能力

决定迁移能否产生的关键因素之一便是学习者分析与概括能力。一般情况下，分析与概括能力较强的学习者，能够轻松地运用以往的知识与经验，灵活地解决当前遇到的复杂问题，发现其中的原理与规律，并找出问题中关键因素间的关系，从而促进正迁移的形成。

从“概括说”这一理论角度分析，学习概括能力强的学习者，学习迁移发生的可能性就大。究其原因在于概括水平高的学习者可以将以往知识经验灵活地运用到新事物中去。具体来说，学习者的概括能力越高，他对事物本质性的理解水平也就越高，能够较为轻松地完成迁移，并且迁移的范围也比较广。反之，具体的、肤浅的知识较难被运用到迁移活动中去。多年的教学经验证明，对外界事物彼此间的关系了解得越是透彻的学习者，其对新生事物的掌握速度与深度更为出色。比如，学习者通过观察与学习，可以概括地了解到低等级动物的活动会受到温度、酸碱度、光等因素的影响，那么他会在该知识的基础上发现蝗虫之所以成群飞行的原因是蝗虫飞行会受到温度的影响。总的来说，学习者的情绪、智力、年龄以及知识经验等因素，对学习者的分析与概括能力存在一定程度的影响。

2.学习者的迁移心向

心向主要是指个体在一个活动发生之前便已经具有的一种心理准备状态。学习者在任何时间把已有的知识经验迁移至新情境的心理准备状态被称为学习迁移的心向。此类心向通常是更加有利于学习者对新知识的学习与掌握。

霍布金（Hopkins）与杜萨（Dorsey）曾经共同做过一个实验，实验对象为大学生，实验目的是测量学习者以往所学知识与技能对当前学习内容存在的迁移作用。实验内容是由拉丁语派生词组成的词汇测验、同几何学有关的项目测验以及阅读理解力测验。实验步骤是：先将参加实验的大学生分成控制组与实验组两个组，前提是两组在心理准备方面有所差别。研究人员在进行实验之前预先给实验组的大学生进行训练，内容主要涉及画法几何学、有效的阅读技术以及大学拉丁语，并且会给出一定的建议。建议大致内容如下：运用所学的画法几何方面的知识来解答问题；在进行测试时运用在学习阶段时所熟知的学习方法；运用所学拉丁文的知识对测验中出现的词汇意义进行辨别。而控制组中的被实验者虽然接受了相关内容知识的培训，但是却没有得到以上几项建议的提示，测试结果显示，实验组的成绩远远超过控制组的。这说明在展开全新的学习活动之前，对学习者进行迁移心向方面的指导，可以帮助他们快速发现知识应用的情境，以及应用知识的机会，对已有知识经验的迁移具有至关重要的作用。

通常来说，我们已有的知识经验的心理准备状态对后续学习能起到积极的推动作用，但不可否认的是，也会带来一些刻板与具有惰性的负面影响，从而对学习者的思维方式产生一定的制约与影响。卢钦斯（Luchins）的“量杯”实验（表 7-2）就说明了定式的消极影响。在这项研究中，研究人员要求被实验者用容积各异的量杯（A、B、C）来量取规定量的水。控制组与实验组最初做一道练习题，之后控制组只做第 6 ～ 7 道题，而实验组要求将题目全部完成。

表 7-2　量杯实验

问题	三个杯的容量 /mL			要求量出的水的容量 /mL
	A	B	C	
1	21	127	3	100
2	14	163	25	99
3	18	43	10	5
4	9	42	6	21
5	20	59	4	31
6	23	49	3	20
7	15	39	3	18

在 1 ～ 5 题中，被实验者必须用 B−A−2C 这种三杯量法来量出要求的水量，而事先做了 1 ～ 5 题的实验组被实验者，几乎所有人都选择了之前使用过的三杯量法，并且将这一思维定式运用在最后两道题上。而控制组的被实验者，由于没有经过特殊训练，则大部分选用了极为简单的两杯量法（A±C）。经过训练的实验组与未经训练的控制组，实验组具有某种思维定式，而控制组在没有任何因素影响下做出了较为简单的判断，是一种极为有利的做法，由此可见，此处的思维定式带来的迁移具有一定的消极影响。因此，教师在进行教学方案设计时，应当充分考虑到思维定式对迁移带来的双向影响，这就要求教师在帮助学习者建立迁移心向时，也要充分考虑到不同教学情境下思维定式的灵活应用，尽量避免出现因定式产生的负迁移。

3. 认知策略与元认知

尽管在认知策略能否实现跨学科的迁移这一方面，目前尚无非常确凿的实验证据，但许多心理学专家认为，影响迁移的关键因素之一便是学生在以往学习活动中是否形成了一套完整的、有组织的且方法得当的解题与思考方式。策略能够达到某种认知的目的，如记忆、理解，而且这是一种相对可控的与潜在能够意识的。认知策略反映的是人类认识活动的规律性知识，一般具有高度的概括性，在应用时有很大的灵活性。一些心理学专家认为，提高学生的元认知水平是使学习者能够更好地运用心向实现正迁移的关键条件之一。

弗拉维尔（Flavell）认为，元认知主要是指个体对认知策略与认知过程的认识。通常来说，能够自主掌握、监控与控制自我认知过程的学习者被认定为具有元认知能力。在学习领域中的元认知能够归纳整理出两大类认识：一种是关于如何调节个体学习行为的认识；另一种是关于个体知道什么的认识。元认知包括个体自主提出以下问题的能力：

（1）我对该课题的知识掌握了多少（学习成绩自测）？

（2）我学习该问题用时有多少？

（3）如何更快更好地解决这个问题？

（4）我对任务完成情况做出怎样的预估？

（5）我应该如何改进我的学习计划？

（6）我能很好地实现自我检查与纠错吗？

（7）我是否真正理解了我要解决的问题？

研究人员指出，出现学习与迁移行为的失败，究其原因在于个体反省认知能力的缺乏，因此教师应当有意识地引导学生进行自我检查、自我调节、问题识别与自我监督等方面的练习。换句话说，当这些学生具备了概括化的认知策略时，才能更好地实现学习与迁移。

二、促进学习迁移的方法

对学习迁移的实践意义关键体现在促进教学活动中的学习迁移，这种迁移在学习中并非自发性的，包括个体已有的知识经验与技能也不一定在新知识与新技能的学习中取得良好的迁移效果，这就需要教师采取一定的教学措施对学习者加以指导，促使他们能够形成积极的学习迁移。

（一）合理选择教学内容与编排教学程序

1.选取合适的变式材料

变更同一事物的不同侧面或者不同角度，或是不同方法与不同的表现形式，让学习者对事物本质与规律有个比较透彻的了解与学习就是变式。学习者在学习中需要具备变式思维。

学习者在学习某一新知识时，最初只是看到问题的冰山一角，却无法看到事物的全貌，这时便需要教师通过教学方案设计，通过关键环节的学习，让学习者能够做到透过现象看本质，尤其是变式的运用，让学习者能够从本质上掌握概念以及事物间的相关联系，并且掌握事物内部的不同因素，并且确定哪些是次要的、非本质性的，哪些是主要的、本质性的。利用变式思维可以帮助学习者更加准确地掌握事物概念，正确认识与处理事物间的复杂关系，促使学习者不断提升自身的归纳与整理能力。比如，数学教师在讲解有关三角形“高”这一概念时，最好采用变式的教学方式，为学习者提供不同表现形式的“高”，以及大量的经典材料，帮助学习者从不同侧面与角度，对事物的本质能有一个比较透彻的了解。下图呈现出三种不同三角形的“高”的不同位置。借助这几种不同形式的“高”的呈现，让学习者对“三角形各边的高是对角的顶点向这条边所作的垂线”这一概念能有一个比较直观且深刻的理解。如果教师仅借助直角三角形来讲解“高”的概念，那么当学习者遇到钝角三角形以及锐角三角形时便会不知所措，不知道怎样测量才是正确的。特别是面对钝角三角形两个锐角所对应的高的问题时便会发生错误与困难，从而产生负迁移的现象（图 7–1）。

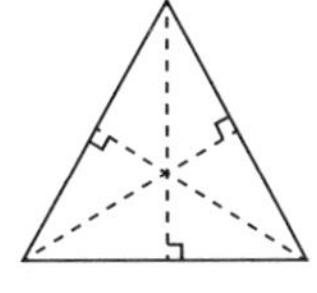
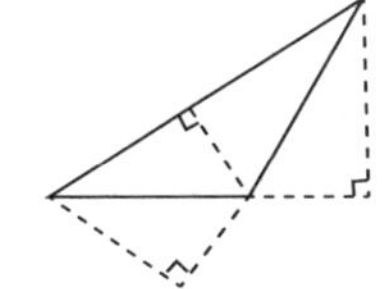
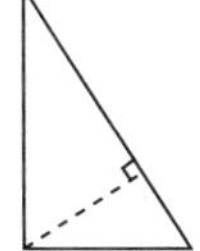

图 7–1　三角形的高

虽然说变式在课堂教学中的作用极为重要，但是并非所有的知识都需要通过变式这一表现形式对知识概念进行讲解，只有当遇到问题比较广泛且具有典型性时，使用变式效果更佳，它可以帮助学习者摆脱片面性与感性经验的负面影响。此外，材料的变式不一定要通过课堂教师教授的方式进行，也能通过课后题的练习让学生自己掌握。在运用变式时，要重点强调学生的自主思考，只有这样才能达到理想的教学效果。

2. 选择与应用情境相似的学习内容与学习情境

通常来说，为了促使日后学习的内容能够产生正迁移，这就要求学习情境与日后实际应用时的情境相类似。在实际的教学中，教师应当选取那些与原理、原则运用情境相似的学习内容让学习者进行学习，促使学习者可以脱离这些原理、原则的背景，从本质上对概念理论有所理解与掌握，帮助他们在日后的学习中能够做到去“背景化”，并灵活运用所学的原理、原则来解决新问题。比如，学习者学习计算问题，不只是单纯地掌握计算问题，关键的是帮助学习者用这些计算知识解决现实生活中的问题，表现在问题具体应用方面。又如，篮球的学习，首先应当从基本功开始，基本功有运球、传球等，而学习这些基本功的目的是更好地打好比赛，并在比赛当中将这些基本的运动技能综合地展现出来，从而取得好成绩。还有众多基本技能的学习与练习，是需要在相对真实的情境下进行才会取得极佳效果的，如表演、操作与演讲等。因此，在条件允许的情况下，教师需要尽量使学习者在真实情境下去实践原理、原则，包括耐心细致的观察，如亲自动手操作的实验、见习与实习等；如果条件不满足的话，或是无法亲身体验，教师也应当通过生动且易于接受的语言以及直观的教具等，促使学习者对事物有一个较为感性的认识，帮助他们更加深刻地认识事物的本质与规律。

3. 合理编排教材内容

对教材内容进行科学的编排是教师的一项重要任务。科学的教材内容编排能够帮助学习者轻松实现学习的正迁移，教学效果也事半功倍；如果学习者的教材编排不够科学与合理，学习迁移的效果便会大打折扣。

科学合理的教材内容编排，实质上就是促使教材一体化、网络化与结构化。一体化主要是指教材内容的设计安排应该做到前后呼应，杜绝前后内容出现重复的现象。网络化主要是指在教材关键要素之间应当具有一定的关联属性，尤其是重要的知识点与技能的联络点设置，这样做的目的是便于学习迁移。结构化主要体现为教材内容的不同构成要素之间科学且合理的逻辑关系，也可以体现出事物间的内部关系，如交叉关系、并列关系等。

4.合理安排教学步骤

在科学合理的教材编排基础上，结合教师精心设置的教学程序，便可以促使学习迁移的产生。总的来说，教学程序可以划分为两大方面：一方面从宏观角度出发，对教学内容进行整体策划与顺序安排，使其符合学习者的心理发展规律，便于其学习与理解。比如，对于小学数学四则运算内容，教师可以让学习者先学习整数运算，然后在整数运算基础上学习小数与分数计算。另一方面从微观角度出发，体现在每个单元、每一节课的教学顺序安排上。教师结合教材教学内容的难易程度，由浅入深、由易入难、由概括性至具体性的教学顺序进行编排，同时考虑学习者的心理与生理发展规律，以及智力特点与知识特征，将最可能形成迁移价值的知识与技能放在最前面进行讲授，将那些高概括性且派生性强的主干内容突出来，以便学习者日后的学习能够顺利完成迁移。

除此之外，学习者应该对当前所学知识不断巩固，以便进入下一阶段学习时能够更加高效，并轻松地形成正迁移现象。因为两种不同学习之间的共同要素是实现学习迁移的关键条件，学习者在充分掌握基本技能与基础知识的前提下，才能顺利地实现对另一种全新知识与技能学习的正迁移。可以说，当学习者对两种知识的巩固程度与熟练程度都达到一定水平时，才会对迁移产生影响。反之，如果学习者对之前所学知识掌握不牢，知识点理解不够透彻，那么便会对之后学习的知识与技能产生负迁移，对下一阶段知识的学习产生干扰。

（二）促进学生学习迁移的教学技巧

1.加强基本概念、原理和科学规律的教学，提高学生对这些内容的理解水平

概括化原理主要是指两种不同学习之间的共同成分，通常是原理方面的相似性、共同性。当两种不同学习之间具有相同原理、原则时，那么学习之间较为容易产生学习迁移。因此，教师在具体的教学活动中，

为了促使学生形成学习迁移，需要进行有意识地疏导，帮助他们准确地理解与掌握知识的基本原理、原则。举例说明，语文教师可以通过给学生讲授汉字的结构规则与偏旁部首的一般性规律，甚至汉字的演变过程，促使学习者产生学习兴趣，通过对规律性知识的掌握，帮助其形成正向的学习迁移。

教师要想促使学习者能够对知识的基本原理有相对透彻的理解，首先，将学习内容通过适宜的教学方式传授给学习者，再通过大量的练习题对所学知识原理进行巩固。其次，教师在学生理解原理的基础上对其进行讲解与演算。这个过程极其重要，是个体对知识进行消化与理解的关键步骤。有了知识的基础与准备，接下来就是对知识的应用问题的解答。这是一个循序渐进的过程，不可进行跳跃式讲授，那样会对学习者的学习造成干扰，影响其对新知识的理解与掌握。

要想使学习者真正掌握所学知识的原理，较为理想的方式就是促使学习者自己进行知识的归纳总结与整理，这个过程实际上也是学习者对以往知识查漏补缺与纠错的关键步骤，并在该步骤中实现知识的有效迁移。

2. 应用比较的方法，有利于防止干扰

教师在实际教学中，应该适时地运用比较的教学方法，帮助学习者对知识建立起全面、深刻且立体的印象。具体来说，进行对比与比较的部分，可以是两种不同的事物，抑或是同一事物的不同特征、个别部分等，这样做的目的是使学习者头脑中形成比较双方的物理关系。当然只有当两者之间在本质上存在一定的关联性，才能进行比较，同时进行比较的过程中应始终选择同一种标准，否则就会给学习者的学习造成干扰。

通过比较法，可以让学习者轻松掌握事物的基本原理、原则与概念。比如，哺乳、用肺呼吸、胎生是作为哺乳动物的三个基本特征，而部分学习者仅了解到一些哺乳动物是用四条腿在陆地上行走的动物，这时就需要教师采用比较法，与其他动物进行对比，从而让学习者对哺乳动物的本质属性有较为全面与准确的理解与认识。

通过比较法，可以促使学生对知识形成系统、全面且深入的了解。比如，在语文教学中，对于字词的掌握，可以通过研究近义词、反义词、同音字、形近字来展开，这样学习的目的在于帮助学生厘清思路，将容

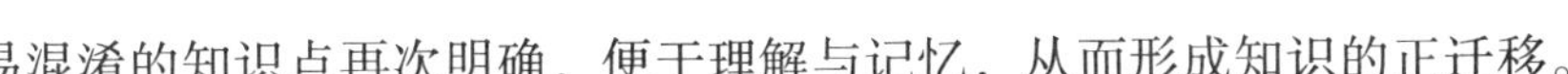

易混淆的知识点再次明确，便于理解与记忆，从而形成知识的正迁移。

3. 强调迁移的特征，引起学生的迁移心向

教师在教学活动中的引导作用极为重要，尤其是在讲授知识之前，教师应当对知识的迁移做到心中有数，如本课题的迁移具体是有关内容，还是原理、原则方面的迁移，然后在讲授的时候，要有意地引导学生思考本课题的知识点应当出现在哪些应用情境中、它对实际生活的影响体现在哪里、如何将其灵活运用到现实生活中以及今后的学习当中去等问题，最好是通过一些具体的事例来讲授，以便于学生理解，这样做的好处是能够更好地调动起学习者的学习主动性。

教师在教学过程中，应当充分利用前后知识的共同要素与共同成分，形成知识的迁移，以便于学习者对于新知识的理解与掌握。比如，在数学学习方面，长方形面积的学习对于平行四边形面积的学习有很大帮助，这是因为在原有知识的基础上，学习者可以更加快速地学习与理解新知识。当然前提是学习者对之前所学知识掌握得足够扎实，理解得足够透彻。教师可以在课堂上通过提问的方式了解学习者对于以往知识的掌握程度，带领他们回顾所学知识，进而便于学习迁移的产生。

（三）学习方法的传授与训练

西方国家曾有研究人员通过阅读理解实验，促使学生学会运用元认知策略进行学习。实验结果显示，元认知策略帮助学生大幅提高完成阅读理解的正确率，并且他们还学会了对元认知策略的灵活运用。由此可见，元认知策略能够帮助学生提高学习效率。因此，教师在讲授课程的过程中，要有意识地传授给学生这方面的知识，帮助学生学会如何学习，从而更好地形成学习迁移。

学习方法的训练包括以下几点：

（1）学习如何制定解决问题或课题的方案。

（2）有效归纳、分类、概括、观察、记忆等的方法与策略。

（3）学习如何读表格以及工具书的使用。

（4）在学习中的自我监控与自我调节等。

要想让学生更好地掌握学习方法，应当让学生具备知识总结与概括能力，以及学习行为的反省能力，这些能力的锻炼需要通过自身努力以

及与身边人的学习交流得以实现，且形式是多种多样的，如小组讨论、报告会、座谈会等，促使学生在短时间内学会知识的积极迁移方法。

（四）帮助学生形成的积极学习态度

学习态度不属于认知范畴，但是对学生的学习起到间接作用，因此应当引起教师的关注。通常来说，学习态度有积极的、消极的、厌烦的、喜爱的等。当一名学习者对学习能够产生足够的兴趣时，其学习也会相对轻松且较易形成学习的正迁移，便于学习者对知识的掌握与应用。要想使学习者具有积极的学习态度，需要从学校、学生、教师三方面着手：首先，校园学习氛围是否浓厚直接影响着学生的学习热情与积极性，因此应当为学生创造良好的学习氛围；其次，学生作为学习的主体，要对学习有正确的认识，养成良好的学习习惯，并形成积极的学习态度；再者，作为学生学习的引导者，教师应当通过归因控制与反馈控制等方式帮助学生建立起积极的学习态度。在每次的新知识讲授前，教师应当帮助学生建立学习的信心，避免出现因消极心态产生的学习负迁移。

第八章　学习策略

第一节　学习策略的概述

一、学习策略的定义

学习策略是学习者为了提高学习的效果和效率，有目的、有意识地制定有关学习过程的复杂方案。学习策略的特征有四个方面：其一，学习策略是学习者为了完成学习目标而积极主动使用的。一般来说，学习者采用学习策略都是有意识的心理过程。其二，学习策略是有效学习所需的。其三，学习策略是有关学习过程的，它对学习时的具体做法与方式做出了必要性要求。其四，学习策略是学习者制定的学习规划，包含规则和技能。

二、学习策略的分类

众多学者对学习策略的分类看法不一。虽然他们都各执己见，但是都认识到了学习策略不仅包含对学习材料的信息加工产生影响的成分，还包含影响信息加工过程的成分，且包含对学习场所、时间及工具等的管理成分。显然，学习策略由两种互相作用的成分构成，分为基本策略和辅助性策略，前者可以对学习材料进行操纵，如理解和记忆策略，后者是为了使恰当的学习信息状态得到保持，如专心策略。20 世纪 90 年代，麦卡尔等人对学习策略的成分进行了更深一层的总结，他们把学习策略分为认知策略、元认知策略和资源管理策略。

（一）认知策略

认知主要是指人脑对信息的加工过程，如对信息的编码、转换、储存。认知策略是对信息进行加工而采取的一些措施。这些措施使记忆、学习等信息加工方面的活动依次进行。认知策略可分为理解和保持知识的认知策略、思维与解决问题的认知策略两类，它是学习策略的核心。

1. 理解和保持知识的认知策略

依照在信息改造过程中产生影响的不同阶段，理解和保持知识的认知策略主要有复述策略、精加工策略和组织策略。复述策略体现在认知过程中“选取”“获得”的初始阶段；精加工策略主要体现在认知过程中“选取”“获得”与“建设”“整合”之间的过渡阶段；组织策略体现在认知过程中“构建”“整合”的精加工阶段。

（1）复述策略。复述策略指运用内部语言在大脑中对学习材料或刺激进行显示，目的是在工作记忆中保持信息，也就是将注意力保持在学习材料上面的策略。在一些做起来轻松的任务中，如将电话号码短暂地记下来，学习者会不停地读这个号码，这便是对所要记忆材料的维持性语言策略。

为了能让这些信息的记忆更长久，学习者也会反复地进行识记。若任务较为复杂，则需要根据“遗忘规律”有计划地进行识记，保证新知识的长久记忆。

复述策略可以作用的方面较为局限，它无法使这些信息与已有信息之间建构意义，只能使信息加工系统对信息的转换和编码产生影响。因此，复述策略通常要与其他策略相互配合，而其他策略指的就是精加工策略和组织策略。

（2）精加工策略。精加工策略是一种将新学材料与大脑中现有的知识相互联系起来从而增加新信息意义的深层加工策略。新信息与其他信息联系的多少决定了回忆该信息本来面目的途径有多少。精加工策略主要有两种：一种是当学习材料自身意义性弱的时候，可使用人为联想策略赋予其意义，以方便记忆；另一种是当遇到意义性强的学习材料，可以使用生成策略或内在联系策略。比如，在学习中画下划线、做笔记等，这都适合意义性强的知识去使用，是经常用到的生成策略。

（3）组织策略。组织策略是指整合所学新知识之间、新旧知识之间的内在联系，形成具有新的知识结构的更高层次的信息加工策略。组织策略的本质是寻找所要记忆知识的共同特点或性质，以使记忆的负担减轻。它主要包括叙事策略、网联策略、聚类策略和概括策略。使用这些策略能使学生理解学习材料，并形成所记忆材料的知识网络。

2.思维与解决问题的认知策略

思维策略是一种大部分人都适用的思维方法。它有别于解题思路，但是它指引着具体的解题思路。在不同阶段，解决问题的策略不同。

（1）表征问题阶段的策略。对任务的表征策略有两种：一种是内隐表征策略，即在问题的前提、要求、障碍的基础上，在大脑中大致形成问题结构的策略；另一种是外显表征策略，即利用外部行为如画图等协助内隐表征的策略。

（2）解答问题阶段的策略。使用已知条件进行正向推理，特别注意使用未知条件进行反向推理；用活跃的思维解决问题，从不同的角度对问题进行分析，寻找解决问题的多种方法；善于评估不同的思路，采用最优思路使思维聚合。

（3）思路总结阶段的策略。在找到问题的解决方案之后要对其进行检测，确定正确与否，但更重要的是要厘清解题脉络，进行“反思”。首先，对自己是否已经掌握与问题相关的知识结构、是否经过练习掌握了相关的知识进行思索。其次，对自己解题的思路进行回想，寻找其中存在的问题。通常情况，要把正在做的题和之前做过的题是否存在相似的地方找出来，解完题之后要思考正在做的题和之前做过的题存在何种区别。最后，探寻有没有更简单的方法和更容易的解题思路。

（二）元认知策略

元认知是个体对认知活动的自我意识与调节，是对认知的认知。它有两个主要成分，包括对认知过程的认知、观念和对认知行为的调控，这两个成分各自独立却又相互联系。元认知知识是对有效达成任务时所用到的技能、策略及其来源的意识，主要包括对自己作为学习者的认识、对任务的认识、对相关学习策略及其应用方面的认识。元认知控制是对认知行为的管控，能运用自我监视机制保证任务的达成，是主体将自己正在进行的认知活动作为意识对象，反复地对其进行自发、自主的监视和调控。所以，元认知控制过程包含对计划的制订、监视计划的执行以及对认知过程的调整和修改。

元认知策略是指学习者在学习进程中对自我进行自主的监督与管理。元认知策略和认知策略相互搭配，共同作用。认知策略是学习者在学习进程中所必需的工具，元认知策略则对认知策略的使用进行监督和管控。换言之，学习者有很多不一样的认知策略可以选择，倘若没有一定的元认知技能作为辅助，将很难解决问题。

根据元认知策略在认知活动进行的不同阶段，可将其分为以下三类。

1. 计划策略

计划策略是依照认知活动的特定目标，一项认知活动开始之前计划各种活动，预计结果、选择策略，设想各种解决问题的方法，并预估其有效性等。计划策略包括制定学习目标、合理安排时间、浏览阅读材料、预测重难点、设置思考题等。

2. 监控策略

元认知监控策略是在认知活动的实际过程中，依据认知目标对自身认知活动的结果和不足之处进行及时的评价和反馈，对自己达到的认知目标的程度进行恰当的估计，还要依据有效性标准对各种认知行动和策略进行评价。

（1）领会监控。领会监控就是一种具体的监控策略，主要指对学习过程进行调控的元认知策略，包括对自己在理解方面问题的重视，对自己解题的速度与时间进行监控等。

（2）策略监控。策略监控是指对自己策略的运用进行调控的元认知策略，包括有意识地依据学习任务选择策略，仔细检查策略的有效性等。

（3）注意监控。注意监控同样是一种具体的监控策略，是对自己的注意过程进行调控的元认知策略，包括对自己在学习过程中的注意力的管理，对重要信息增加注意力，注意克制自身的分心行为等。

3. 调节策略

调节策略包括对预先目标和计划的调节，改变所使用的策略，有意识地矫正学习行为，局部目标未达到时要及时采取补救措施等。

总之，元认知策略的这三个方面是相互联系的。学习者通常在学习过程中会先了解自己当下的任务，之后按照一些标准对自己的理解进行评价、估算学习时间、采用合理有效的计划去学习或者解决问题，然后执行学习计划并对自身情况进行监督，并根据监督结果采取相应的补救 措施。

元认知策略与认知策略是共同起作用的。认知策略帮助学习者把新信息和已知信息有机整合起来，且能帮助学习者对知识进行长时记忆，在学习时不可或缺。元认知策略则在学习过程中有管控和协调的作用，监督和指引着学习者在认知策略方面的选择和运用。

（三）资源管理策略

资源管理策略有以下几种：

（1）时间管理策略。在时间管理上，应做到以下几点：①统筹安排学习时间。②高效利用最佳时间。③灵活利用零碎时间。

（2）学习环境管理策略。注意调节自然条件，如流通的空气、明亮的光线、适宜的温度以及和谐的色彩等；还要设计好学习的空间，如空间范围、室内布置、用具摆放等。良好的学习环境对于学生保持良好的心态具有重要作用。

（3）努力管理策略。学生为了维持自己的努力状态，需要不断进行自我激励。这包括激发内在的动机、树立正确的学习信念、选择有挑战性的任务、正确归因、自我奖励等。

（4）学业求助策略。学业求助策略指当学生在学习上遇到困难时，向他人寻求帮助的行为。学业求助不是自身能力欠缺的标志，而是一种获取知识、增长能力的途径，是一种重要的学习策略。

第二节 学习策略的教学

学习策略对学生而言，是非常重要的机制，它对学生学习的效率造成影响，也对学生的学习行为和学习态度有一定的作用，能提高学生的认知与学习能力，有利于开发学习的潜力。学习策略本身就是一种知识，对学校教育意义重大。在进行学习策略的教学时，教师可采取以下措施。

一、确定学习策略并对其结构进行分析

教师要擅长对概括性、实用性范围较大的学习策略进行识别，并解析其结构，了解各种策略的动作或者心理成分及其存在的联系和顺序，使策略的每一步骤都具体仔细、可操作。唯有如此，才能使学生养成良好的学习或认知习惯，改变学生不良的认知行为或习惯，进一步培养他们的学习策略。

二、教学方法应灵活多样

教学应当先使学生对学习策略有所需求，之后再制定相关的学习策略用于材料的学习。

这些策略应具备有效性和可操作性，在得到指导之后能进行改进。之后对学生进行不同情境的训练，并对学习成果进行评价和反馈改正。在教学时，教师要根据实际情况使用不同的教学方法，如发现法、观察模仿法等。

三、结合学科知识的教学进行训练

学习策略的教学模式主要有两种：一种是脱离具体学科内容的专门教学，如训练适用于任何课程的复述策略、精加工策略；另一种是结合特定学科内容的教学，如结合语文学科教授学生阅读和写作策略，结合数学学科为学生传授推理策略。研究发现，倘若训练没有与某一特定的学科内容相结合，那么学习策略对学生学习的效果不明显。学科学习策略有一定的针对性，对改善学生学习有重要作用。因此，策略学习应与教材内容相结合为宜。

四、注重元认知策略的培养，教会学生如何运用学习策略

教师不仅要教学生一般的学习策略，还要让学生懂得如何使用策略并了解策略不足的地方。通常情况下，学生的元认知发展水平与学习能

力成正比，学习能力强的学生他的元认知发展水平也高，拥有较多学习策略方面的知识，善于对自身学习过程进行监控，能巧妙地使用许多策略达成学习目标。由此可得，对元认知策略进行培养也很重要。20 世纪 80 年代，布朗提出了三种训练方式：一是盲目训练法，指教导学生如何使用策略，但不告诉为何、何时用何种策略的方法；二是感受训练法，指教导学生为何、何时运用何种策略的方法；三是感受自控训练法，指以感受为基础，使学生对多种策略进行实践，为其提供掌握不同策略的机会。他研究发现，第一种方法无法使元认知发生迁移，而后两种不仅使其产生迁移，还对学习者取得的知识的性质与组织有明显的影响。所以，教师引导学生掌握反思方法、养成反思习惯，可以使其对学习策略进行清晰地分辨，形成独有的学习方法，使学习的质量得到提高。

五、提供足够的教学时间

对于一般程序性知识的概念和规则，学生通常能将其在一两节课的时间里转化成做事能力，而要使学习策略，特别是高级思维策略能对学生自身的行为进行支配，使其认知活动效率得到提高，绝不是经过短期培养就能形成的。所以，教师要有耐心，不能急躁，要为学生的训练提供足够的时间，使其能得到充分的训练和反馈。

六、引导学生评价训练的有效性

学生只有体会到训练的有效性时，才会将外在指导的策略内化为自身的策略，并经常性地使用。有人研究了接受不同训练的儿童运用策略的情况：一组为策略用途组，要求儿童接受策略有效性的评价训练；另一组为策略情感组，要求儿童评价使用某一种策略是否感到“开心”；还有一组为控制组，不接受任何评价训练。结果表明，经过策略的有效性自我评价训练的儿童能长期运用训练过的策略。所以，在对学生进行学习策略的教学时，要引导学生对训练成果进行评价，让学生在使用学习策略后有收获的感受，以使其在以后的学习过程中能自觉地运用这些策略。

第九章　创造力的培养

第一节　创造品格概述

就其本质来说，人的价值在于创造力。这种能力不为少数人所独有，而是为每个正常人所具有。这种能力是否能发挥出来，与人的创造品格关系极大。创造品格是创造能力发展的精髓和动力，它在创造能力的形成中起主导作用，因此，研究创造品格仍是开发创造能力首先要解决的一个问题。

一、创造品格的构成要素

创造品格是伴随着人的成长、发展所形成和凝聚起来的品性和风格。它由以下几个主要要素构成。

1. 创造动机

创造动机指创造者在创造需要刺激下直接推动活动的内部动力。它能推动人不满足于已知，以探索未知为乐，把发现、创造看作自己应尽的职责。达尔文（Darwin）曾回忆说："我从很小的时候起，就有一种很强烈的要求去理解或解释我所观察到的事物。"

2. 创造情感

创造情感指创造者对创造活动的喜、怒、哀、乐等的体验。列宁（Lenin）曾说过："没有'人的感情'，就从来没有也不可能有人对于真理的追求。”一个人对客观事物的认识越全面和越深刻，其感情也必然表现得越丰富和越浓烈。古人云：“知之深，爱之切。”摘取了数学皇冠上明珠的数学家陈景润年轻时就把研究素数的“哥德巴赫猜想”立为进取目标，孜孜以求，废寝忘食，连走路都在思考。是什么东西在吸引他呢？对本专业的热爱。爱因斯坦（Einstein）也曾说过：“真正有价值的东西并非从野心或从责任感产生，而是从对客观事物的爱与热忱中产生。”

3. 创造意志

创造意志指创造者自觉地确定目的，并根据目的调节和支配创造性的行动，克服困难的心理过程。创造是一种艰辛的智力劳动，必然会为之付出代价，包括忘我的劳动付出，以及顽强的意志和拼搏的精神。人一旦认识和掌握了事物的本质，并运用这种认识能动地改造世界，便会获得一种难以名状的快乐体验。瑞典科学家诺贝尔（Nobel）从事炸药研究，试验时他弟弟不幸被炸死，他父亲也受了伤，但他依然忘我地进行试验，最后一次大爆炸时，他被炸得鲜血淋漓，却在浓烟中大喊大叫：“我成功了！我成功了！”。

4. 创造品德

创造品德指创造者在创造过程中所遵守的一定的道德行为准则，在言行中经常表现出来的比较稳定的心理特征。真正的创造者应该是一个品德高尚者。马克思（Marx）把为人类工作、为无产阶级的解放事业而奋斗作为一生的目标。爱因斯坦在悼念居里夫人时说：“第一流人物对于时代和历史进程的意义，在道德品质方面也许比单纯的才智成就方面还要大。即使是后者，它们取决于品格的程度，也超过通常所认为的那样。”

二、创造品格所具有的特性

1. 驱动性

品格在创造活动或创造学习过程中具有内在的推动力量。学习和实践活动是目的性行动，是否有创造性，首先取决于是否有创造动机，即是否“想创造”。杜甫作诗，“语不惊人誓不休”，才有选词炼句、字斟句酌。同样，学生的作文、解题如果有独出新意的动机，就会推动他改变习惯做法，破除思维定式，寻求与众不同的思路。创造动机的直接诱因是创造需要、求新意识等，间接动因则是自我实现需要与报效国家相结合产生的事业抱负。

2. 方向性

品格具有确定创造目标、选择创造方向的功能。创造主体具有创造冲动，紧接着要解决“创造什么”的问题，这就是创造目标与方向的选择，它涉及创造的价值和效果的权衡。人们取舍的标准则是价值观问题，受世界观、社会责任感和道德品质制约。

3. 维持性

品格具有克服内外困难，抵御内外干扰，保证活动的创造性和达到预期目标的功能。创造是对常规的突破，因此可能受到别人的反对、传统的阻碍、舆论的非议，由此折射到主体意识便会产生顾虑。创造活动还要经受艰苦曲折而又长期的探索，需要主体耐心细致地观察、持久集中地注意、绞尽脑汁地思考、呕心沥血地想象，因此主体会感到身心疲惫。此外，主体自身的保守、从众、依赖、迷信的思想观念也会不时作祟。这一切都可能使主体动摇、彷徨、反悔、灰心。有些人之所以激流而退、半途而废，并非知识智力不佳，而是缺乏顽强的意志和强烈的自信以及由此而生的决心、信心和恒心。创造品格正是从这个角度来起维持作用的。

4. 调控性

品格具有调节心智活动水平、控制情绪状态和调整创造活动的功能。创造活动对于人的心智活动状态与水平有比较高的要求：①创造活动对时机的把握与程度控制有一定要求。既要求一定程度的紧张兴奋，又需要间歇的超脱与放松（便于显意识与潜意识活动交替出现）；既要有热烈的情感，又要冷静理智（以利于情感思维活动）；既要心理安全平和，又要参与思想交锋；既要保持超脱专注，又要参与竞争挑战。这里既有时机把握问题又有程度控制问题。②创造活动需要良好的情绪作为智力活动的心理背景。轻松、愉悦的心情是心理安全的表现，有利于心理活动自由、思维活跃、想象丰富；宁静的心境有利于触发灵感、发生直觉、产生顿悟、萌生新意；稳定的情绪有利于冷静地反思、调整思路、再辟新径；热情奔放有利于意识开放，突发奇想。但是人非圣贤，内忧外患必然引起情绪波动、焦虑不安，需要及时调节控制。③创造活动没有固定模式和程序，是一个尝试和探索的过程。为了减少失误，避免大的曲折，需要主体及时反馈、准确判断、不断修正，这种高级自我意识水平是较高智力和良好个性协调发展和协同活动的结果。以上三个方面的调控，实际上是个人生活态度、远见卓识、情绪控制等协同发展的结果。

5. 补偿性

品格具有弥补知识能力不足和直接参与或辅助创造的功能。一方面表现为直接导出创造目标、假想、模型和观点。例如，对一些司空见惯观点的怀疑批判引出对立的观点；对偶然现象的好奇、惊奇导致发现某种创造契机；对原型的侧向、反向思维构想出的新模型；异想天开的新发现；迷恋中产生新设想的顿悟直觉；兴趣广泛博采众家之长的新方案，等等。这些方面所表现出的创造品格是单纯知识和思维不能替代的。另一方面，创造品格参与创造思维过程，构成创造力，从而发挥创造作用。例如，开放、动态、多向、纵横、系统思维方式参与求异、发散思维，从而发挥创造作用；超脱、专注、宁静、空灵的态度和情感参与直觉、灵感、梦幻、顿悟，从而发挥创造作用；审美、好奇、惊讶、怀疑、批判参与猜测、幻想、联结、重组思维，从而发挥创造作用。

三、创造品格的培养

1. 激发创造动机

只有渴望创造才有可能创造，创造动机是创造能力的先决条件。为此，首先要激发学生的需要。教师在教育教学时，先引起学生学习某种知识的需要，然后进行教育教学，或者根据学生的需要来决定学习的活动。例如，物理教师在讲光电效应时，向学生提出这样一个问题："马路边上的电灯怎样能够做到不用人管，天一黑就亮，天一亮就灭？"这类问题，言语虽不多，却能吸引学生，使他们的创造动机由潜伏状态转为活跃状态。其次，让学生明确目标。教师的任务之一就是要帮助学生制定既鼓舞人心又切实可行的目标，让学生产生期待，激发他们的欲望，调动他们的全部力量来实现目标。目标实现后，再确定新的目标，推动学习目标的循环上升，这样学生的创造动机才能不断进化。再次，开展竞赛，鼓励竞争。竞赛在激励方法中占有很重要的地位，它的作用是激励优秀者，促进落后者，使教育的效果普遍提高。

2. 培养创造热情

创造热情是随着创造者对创造目标及其意义的认识而产生的一种积极的情绪体验。它突出地表现在进行创造活动时的情绪体验、动作节奏加快和活动的持续进行。有了持久而稳固的热情，才能推动人去深入地钻研感兴趣的事，从而获得系统而深刻的认识，取得成功。教师要掌握学生的心理特点，利用知识和情感的迁移，逐步引导他们热爱创造。在教育教学中，教师要密切关注学生的表情变化，加强心理认同，注重感情交流，根据学生提出问题、理解问题的状况，及时接受学生的反馈信息，不断调整和变换教学方法，保持探讨问题的新异性。信息反馈是双向的，对于学生反馈的信息，教师应及时给予肯定或否定、赞扬或责备，使创造热情的幼芽适时得到浇灌，不断得到巩固。

3. 磨炼创造意志

教师要培养学生良好的心理素质和承受能力，使其既能面对顺境，又能承受逆境，能自觉地沿着所制定的创造目标前进，不达目的不罢休。创造意志集中表现在创造活动中的自觉性、果断性、坚韧性和自制力四个方面。首先，培养学生的自觉性。自觉性是指一个人对自己行动目的的正确性、重要性有明确而深刻的认识，从而自觉地去行动，以达到预定目的的品质。目的越高尚，理想越远大，则行动中意志越有高度的表现。《老子》有言："合抱之木，生于毫末；九层之台，起于垒土。"教师要让学生在日常生活和各种实践活动中经受锻炼和考验，一步步朝着目标迈进。其次，培养学生的果断性。果断性是指一个人善于迅速估计情况，下定决心和付诸行动的品质。这绝不是草率从事，而是经过深思熟虑后的结果。教师在教育教学中，要抓基础知识的掌握和基本技能的训练，这是形成果断性的基础与前提，抓解决问题的敏捷性训练，重点放在解决问题思路的训练上。再次，培养学生的坚韧性。坚韧性是指为了实现目的能不屈不挠、坚持不懈地克服各种困难的品质。意志在克服困难中也会在经受挫折和战胜困难中发展，而困难是培养学生意志力的

“磨刀石”。因此，在教育教学中，教师要经常有意识地给学生安排适当难度的问题，让他们付出一定的努力，在思考中独立解决问题，体验到战胜困难后的愉悦。最后，培养学生的自制力。自制力指一个人善于控制自己的情感，约束自己言行的品质。一个人在行动中如能严格要求自己，行动之后能经常进行自我检查、自我评价、自我教育，有助于发扬优点克服缺点，逐步形成自制力。

第二节　创造力培养及评价

一、创造力的内涵

“创造力”的概念非常复杂，而且备受争议。一些心理学家曾无奈地表示：在现代心理学中，应用很不严格的概念之中就有创造力概念，同时，它也是概念最不清晰的一个术语。笔者在对相关文献进行研读时发现，由于研究者研究思路、理论基础和研究的侧重点不同，导致最后的研究走向也是各不相同的。要想给创造力一个普遍认同的定义是有一定难度的。不过，这也使得研究创造力的课题更具魅力，留给研究者更多自由的空间，使思想和观念通过不断地碰撞日益成熟。

柏拉图曾表示：在古代西方的宗教观念中，创造力被视作天赋的灵感，即早期创造力研究六大取向之一，神秘主义创造观的认识论基础。他认为，对于诗人来说，其创作灵感来自缪斯。在后来的社会发展中，欧洲发展到浪漫主义时代，人们才慢慢意识到创造力并不是神灵赐予的，而是和人们的日常生活有关。于是，人们从以前对神的尊崇向关心人的现实生活转变。并且随着心理学日趋成熟，人们对创造力有了更加深刻的研究，且研究成果也更具说服力。20 世纪中叶，心理学研究从传统向多元化方向发展，并用心理分析法、认知方法、人本主义观等方法对创造力的实质进行了多种角度的探究（田友谊，2006）。整合之后发现，虽然研究角度不同，指向却是一样的，那就是对实证研究更为重视（克拉夫特，2013）。创造力传记研究法的运用可视为这种重视的例证之一。21 世纪，全世界都开始将创造力的研究当成重要课题，各个国家都意识到国力的竞争就是创造力的竞争。各个国家的教育都开始将培养创新人才当成教育的重要内容。当前，不管是经济、社会等方面的竞争，还是精神层面和环境层面带来的挑战，都需要大力培养创新型人才，发挥其创造力，为人类的发展做出贡献。所以，要基于以往相关的研究成果，积极探索新的研究发展道路，用发展的眼光看世界，通过不断的继承、批判、反思和碰撞来推动创造力研究稳步发展。

吉尔福德（Guilford）在 1950 年担任美国心理学会会长时曾就“创造力”发表过一个著名的演讲。从那时候开始，科学研究创造力的序幕便被拉开。很多人可能都有这样的问题：什么是创造力？史蒂文 · 史密斯（Steven Smith）等人把创造力看成基本的认知结果，并不是传统观念里认为的天才才有的能力；斯皮尔曼（Spearman）把创造的过程看作联结的过程；有的心理学家则从创造性人格的角度，把创造性人格和创造力关联在一起；还有学者认为，创造力其实是人格、认知以及社会层面的一个综合体。以上说到的这些学者都从各自的角度对创造力的概念进行了阐述，从多个维度对创造力的内涵进行了分析，为日后了解创造力的实质提供了理论基础。但是，目前在国际上“创造力”一词还没有形成公认的定义，而创造力的内涵是多面的，如果只用单一性的定义去概括反而是不恰当且局限的。从词源的角度分析，比起拉丁词源“创造”，创造力的含义更加丰富。创造一词在拉丁词语中用“creare”表示，而在韦伯字典里，创造的意思是独创，同时要有新的东西出现，而创造力就是发明创造的能力。这是从词源上对词语进行的一般解释。然而实际上，创造力不仅有着丰富的内涵，而且其本身也是复杂多变的。“创造力”一词虽然已经成为一个常识性的词语，貌似没有什么不好理解的样子，而且从行为的结果上就能很容易地判断出是否存在创意性的理念和表现。但是，不管是有关创造力的概念、内涵，还是有关创造力研究的基础和方法，都有很多的可能性以及明显的不确定性。

有关创造力的研究，最早可以追溯到古希腊时期，柏拉图是进行创造力研究的第一人。在相关研究的初期，人们通常会将创造力看成一个简单的心理过程，抑或是个体差异导致的结果。所以，早期的相关研究经常侧重于个体的人格特质以及认知过程。在认知过程的层面上，心理学家通常认为创造力是心智的发展，然后会侧重于对创造性思维的探索。以芬克（Finke）为代表的心理学家们提出了“生成—探索”模型（Geneplore Model），认为创造性思维过程由生成阶段和探索阶段组成。在探索阶段中，众多的心理表征和认知过程参与到探索中，如联想、综合、转化、类比迁移和分类归纳等。斯滕伯格（Sternberg）等人主张创造力系统观，认为创造力涵盖六种不同但相互关联的资源，即智力、思维、知识、动机、人格、环境。随着对创造力的研究和探索，专家们慢慢意识到，很多和创造力相关的问题与现象都是认知和人格过程，个体的创造力会被很多外在因素所影响，如个体的生活背景、文化背景，甚至是社会背景等。在创造力的单一解释下推动了现代创造力系统观的形成，创造力的系统性引起了很多专家的重视。就像艾森克（Eysenck）认为的那样：创造力理论应该用两条腿走路，不仅要关注创造性的思维，同时还要兼顾创造性的人格特征，并且在理想的状态下还要强调生物学基础，但是理论家们总是只关注其中一个方面，却忽略了其他方面。格鲁伯（Gardner）等人还提出了动机、情感、知识融于一体的进化系统模型。奇克森·米哈伊提出了个体、领域和范围三者相互作用的系统模型，加德纳（Gardner）、斯滕伯格等人也做了相关研究。总而言之，研究者们对创造力系统性进行的相关研究对创造力内涵的理解带来了更多的可能性，提供了一定的理论基础。

有关创造力的研究，横跨了多种学科，如教育学、心理学、生理学等。比如，在心理学范围内创造力的相关研究可以分成四种取向，即创造力的发展心理取向、认知心理取向、差异心理取向和社会心理取向。不管是在哪个领域，专家们都从各自的研究视角对创造力进行了定义，并深度剖析了创造力的内涵。其中的部分观点也得到了大众的普遍认可。比如，林崇德教授对创造力的定义：创造力是根据一定目的，运用一切已知信息，产生出某种新颖、独特、有社会价值或个人价值的产品的智力品质。这里所说的产品指的就是以思维成果存在的形式，它可以是一种新的概念、理论，也可以是一个新的工艺、技术，分歧和争论却是一直存在的。之所以出现这样的局面，是因为创造力具有多样性、复杂性等，而且一些权威的属性，如统一性、唯一性等都不适用于创造力内涵的研究，因此只有通过不断地探究，才能找出适合的对创造力的内涵进行剖析的观念和角度。

二、创造力的价值与培养

（一）创造力的价值

如今，创造力的研究已经成为国际性的重要课题，可见，创造力在各个国家教育发展中占有十分关键的地位。创造力成了显学，这是由于现在的经济已经不是以前的生产经济，而是转变成了智力资本，转变成了知识经济，创造力具有很高的市场价值。奈斯比特（Naisbitt）曾在《大趋势》中指出，在变革的时代中，创造精神和创造力是必不可少的。阿尔文·托夫勒（Alvin Toffler）曾表示，新的英雄不再是工人阶层，而是那些经理人、金融家，就是那些把具有想象力的知识和实际行动结合起来的具有创新能力的人。有报告指出，要对教育的目标进行重新确立，改变教育在人们心中的作用，对教育的概念进行扩充，让每一位受教育者的创造力都能被发现，并充分地发挥其作用。有很多文献都表明了创造力日后在我们国家和社会发展中的重要地位，在我国不管是经济、文化还是科研、技术等领域都获得了很大进步。那么，如何使创造力发挥作用的比重增加呢？要想发挥创造力的作用，必须培养人的创造力。所以，在教育领域里，创造力的培养必然会占有重要位置，这是大势所趋。在教育基本理论中，有一个核心问题，就是教育和社会两者之间的关系。专家们基于不同的时代背景，通过不同的方式提出理解，阐明观点，但是，多年来已经习惯了根据从社会到教育的思路对两者的关系进行分析，习惯将教育当成社会的附属品。然而，随着时代的进步，教育对社会发展所起的特殊作用已经越来越明显，并且无可替代。因此，教育应该成为衡量社会发展的重要尺度，而且要成为评判社会发展现状的一个标尺。要想发展创造力，当然是离不开教育这一重要渠道的。如今是知识经济时代，数字化也得到了普及，因此将创造力当成衡量社会发展状况的尺度也是无可厚非的。

要想发展好知识经济，就离不开多种创造性的活动，如新突破、新理念、创造技能的提高等。如果一个人有了创造力，那么不仅会使个人更加容易成功，还能为社会的进步提供推动力。曾任哈佛大学校长的陆登庭表示："在迈向新世纪的过程中，一种最好的教育就是有利于人们具有创新性，使人们变得更善于思考，更有追求的理想和洞察力，成为更完善、更成功的人。"由此可见，创造力是个人成功的重要因素，而个人的成功是时代发展的基础。

在知识经济时代，最明显的特征就是创造性，创造性能够为社会的发展提供动力。如果一直安于现状、不思进取，社会的发展也将停滞不前。

有研究者曾经就人类未来的问题提出过这样一个引人深思的话题：如果以后我们的生活、社会都需要数字技术才得以运转的话，人类会发生什么样的变化？不管是在我们的实际生活中，如社交、出行等，还是政府管控的一些发展领域里，如国防、外交等，都和数字技术有着千丝万缕的关系。而要想发展数字技术，就要依赖创造技能，反过来，数字技术又能对创造力的发展起到推动作用。恩斯特·卡西尔（Ernst Cassirer）曾在《人论》中表示，人性不是一种实体性的东西，而是进行自我塑造的过程，人所进行的创造性的活动才是真正的人性。人类的核心特性就是创造性，把创造性看成社会进步的重要标尺，不但体现了人的本质特征，也是知识经济时代发展的必然要求。

（二）学校教育中创造力的培养

20世纪中叶以来，教育界对如何培养学生的创造力问题进行了广泛关注。在国外创造力的相关研究中，将如何培养创造力当成了重要研究课题，专家们大多认为，创造力是与生俱来的，但同样可以通过后天的培养，对于培养途径，专家们目前还没有统一的想法。不过有一点非常清楚，那就是学校是学生学习和成长的重要场所，所以学校对于创造力的培养必然有着至关重要的作用。

1.创造力培养理论

20世纪中后期，国外的很多专家都提出了培养创造力的相关理论，以下是比较有代表性的观点：其一，吉尔福德的三维智力结构模型。该理论认为人类智力包含120种相异的因素。吉尔福德依据他所提出的智力结构模型，认为以解决问题为中心的教学模式对培养学生的创造力意义重大。其二，泰勒（Taylor）的三维课程模型。泰勒提出了一种用于培养学生创造力的三维课程模型，即第一维是知识维，第二维是心理过程维，第三维是教师行为维。三维课程模型从学科知识、学生的心理能力和心理过程、教师的教学方法和教学媒体等要素，强调学校教育通过学科知识的教学来培养学生的创造力。其三，特里芬格（Treffinger）的创造性学习模型。该理论包括创造力学习的三个层次。第一层次是一类具有发散功能的认知与情感因素，强调开放性——发现或感觉到许多不同的可能性；第二层次包括更高级的或更复杂的思维过程，如应用、分析、综合、评价、方法论、迁移、比喻、类比等；第三层次是学习者真正融入真实的问题和挑战，包含独立探究、自我指向学习、产品的发展、价值的内化、自我实现等。当然，还有其他许多关于创造力培养的理论，诸如威廉姆斯（Williams）的认知—情感交互作用理论、伦祖利（Renzulli）的创造力培养理论，以及创造技能训练、创造培养教程研发等其他研究者或研究类型的理论。因此，关于学生的创造力的培养，应坚持从学科知识教学、研发设计创造课程、开展创造技能培训等方面着眼，并把家庭教育、学校教育和社会环境影响相结合，强调课内课外、知识与创造力发展相结合等多元的培养理念。

2. 学校教育中创造力培养探析

学校教育在学生创造力的培养中具有重要地位，笔者站在学生、教师以及教学这三个视角对学校教育的作用进行分析，探究三者之间的内在关系，这有利于明确在实际的创造力培养中的方向，同时对于创造力的产生具有一定的推动作用。

（1）学生创造力发展特点。学校教育的本质就是推动学生的发展，而培养学生创造力要以掌握创造力发展的特点为前提。陈英和教授曾经从初中的一二年级和高中的一二年级中选择了 358 人进行实验，目的是探究创造力发展的特点。研究结果表明，初一到初二再到高一年级的学生在灵活性、流畅性上会随着年级的升高而提升，而高二年级的灵活性与流畅性则比高一年级有所下降。高中学生在独特性上的得分明显比初中学生要高，初中和高中的学生都表现出一年级学生得分高于二年级学生的情况。该研究就是从创造性思维的各种维度来探究其发展特点的。

研究结果还表明，高一年级的学生在各个维度的创造性思维上都有着最高的水平。从高一年级到高二年级则呈现出下降趋势。从创造力人格来看，高一学生的创造力人格也是水平最高的。由此可见，不同年级的学生具有不一样的创造力发展特点，根据这些特点，制定有针对性的课程设置、采用不同的教学模式、开展不同的课外探究，更加有利于学生创造力的发展。

（2）教师的创造力观念在培养创造力中的重要作用。教师的教育观，特别是在创造力培养方面的理念，对于教师对创造性学生的评价和态度有着直接的影响，同时，对于教师所采用的教学手段、师生之间的交往方式等都有着非常重要的影响。教师对创造力的理解，对创造力价值是否认同，对创造力组成要素的掌握，以及对创造力特征的判断等都会严重影响对学生创造力的培养。有专家曾做过这样一项调查，让教师从自身的角度说出具有创造力的学生应该有的 28 个心理特征，结果排在前 10 的特征有想象力、爱思考、有很强的洞察力、充满自信、具有很强的内部动机、具有好奇心、喜欢研究新事物、能透过现象看本质、具有很强的逻辑推理能力、能看出事物之间的区别和关联（陈英和、王静，2010）。由此可见，以上这些特征都应该是具有创造力人才应该具有的心理特征，这从一定程度上对教师应该在创造力方面具备的知识和认识有了更高的要求，否则，培养具有创造性的人才也只会停留在教案中，只会是纸上谈兵，发挥不了什么作用。所以，加强教师的创造力观念对于培养学生的创造力具有重要意义。

（3）创造力培养的教学行为。现代教育中一种重要目标就是培养创造性的人才，而在人才培养中，教学始终是最重要的一个方式。在我们目前的课堂教学方法中，讲授法和独白式的教学依然占有主要地位，这样的教学方法对于学生创造力的培养是不利的，甚至还可能会产生阻碍和抑制作用。如果一直坚持这种单一的、模式化的教学方法，就会使教学丧失生命力，磨灭教学的创造特性。如果教师只会根据教案进行模式化的教学，就会使学生的灵感和想法被抑制，从而无法被挖掘出来，同时会失去发展的机会。

怎样才能让教学行为在创造力人才的培养中做出贡献呢？笔者认为可采用一些有效的教学手段，将创造力融合到各个学科的教学中去。比如，在跨学科的教学中，要让学生打破学科的思维定式，使学生充分发挥自己的发散思维，并与聚合思维结合起来。可以组织学生创建发明小组，为学生搭建发明创造的平台，让学生动手又动脑，进行一些发明创造，从而锻炼自己的创造性思维。采用合作学习模式进行探究。不管是对于学生创造性思维的培养，还是创造性人格的培养，合作学习的影响力都是非常大的，合作学习不但可以促进师生之间的交流，而且还能为创造性人格的培养带来良好的条件。

培养创造性人才的过程是一个系统性的复杂的工程。在开展过程中，教师除了要搭建适合学生创造力发展的平台，还要实行有效的培养手段，不但要对学校教育予以重视，还要考虑到家庭以及社会所产生的影响。在学校的实际教学中，要将课内课外、智力和非智力的因素融入创造力培养当中。不但要转变教学理念，还要推动创造力理论的进一步发展。怎样在理论与实践中为培养创造性人才提供指导和支持，将会是一个被长期重视的重要课题。

三、创造力评价的方法及指标

（一）创造力的评价方法

发散思维测量是从过程角度进行评价，其代表人物是吉尔福特。他提出了发散思维是创造力的体现和创造力结构的观点，这也是该评价的理论基础（俞国良、曾盼盼，2001）。其测量的关注点在于评价学生思维的变通性、流畅性和独特性。目前关于发散思维的测量主要有下面几种较为成熟的方法：其一，托兰斯创造思维测验；其二，南加利福尼亚大学测验；其三，芝加哥大学创造力测验；其四，沃利奇—凯根测验。在这些方法中，预测效度最高的就是第一种和最后一种。1966 年，托兰斯创造思维测验被研发出来，其由言语创造思维测验、图画创造思维测验以及声音与词的创造思维测验构成。沃利奇—凯根测验倾向于联想方面的测评。

关于创造力人格的测验，主要是从态度、人格、兴趣等视角予以评价。例如，可以通过自陈量表“你属于哪一类人”“探究兴趣问卷”等来进行测验。创造力测量的其他方法主要有主观评定法、创造力实验法、档案袋评价法等。其中，主观评定法关键在于制定科学合理的评价标准和选择正确的评定人员；创造力实验法的重点在于设置科学的、可操作的问题情景；档案袋评价法是一种较为综合的评价方法，通过记录学生的各类表现，依据一定的程序进行测评。

通过以上这些较为成熟的评价方法就可以看出，创造力评价要以对创造力的界定和构成的认识作为基础。比如，发散思维测量的理论依据是“发散思维是创造力的体现”和“创造力结构”的观点。创造力人格测量的依据是人们在研究创造力产生时得出的结论：创造力人格对创造力的产生非常重要。由此可见，不一样的评价方法所依据的理论基础也是不同的，同时操作的原则和步骤、侧重点也各不相同，它们各有优点和缺点。所以，要对各种测量方法进行对比，综合使用，评价的方法必须是多样的，因为只采用单一的评价工具，是不能很好地对学生的创造力进行测评的，所得出的结果也将缺乏准确性和客观性。所以，必须多开发一些评价工具，如纸笔测试、作品评价、观察提纲等。另外，还要对评价量表的信度及效度加以重视，这样才能更加准确地测评出学生真实的创造力水平。

（二）创造力评价指标

随着信息化时代的到来，各个国家的竞争不再是生产力水平的竞争，而是转变成了更加隐秘、更加深层次的人才竞争。这样的变化对教育领域提出了更多新的问题：学生具备了怎样的技能才能有利于日后的发展？教育应该对学生的知识、情感、文化产生怎样的影响？为解决这些问题，经济合作与发展组织在21世纪率先提出了一个新结构——核心素养结构。后来，多个国家和地区都根据自身的发展状况围绕着核心素养进行了相关的研究。核心素养的指标涉及多个方面，如自主发展、文化修养、社会参与等。在指标体系里，大家都非常关注创造力评价的指标。根据笔者在结合各种研究对创造力的定义、对构成要素的分析、对评价理论的梳理、对评价方法和工具的筛选等，总结出了兴趣的广泛程度、想象力、自信心和冒险精神、灵感、知识的深度和知识的广度、反思能力、独立思考能力等12个评价维度用于对指标体系进行构建。这12个维度是以创造力的相关研究成果为依据整理总结出来的。这12个评价指标涉及学生的思维品质、人格特征、知识结构等多方面的内容，其中思维品质包括发散思维、批判思维和聚合思维等，是站在人类智力的角度上对创造力进行评价。人格特征涵盖了毅力、信心、冒险精神等，这些都是能促使创造性行为产生的积极因素。知识结构是创造力得以发展的前提条件，也是评价创造力水平的基础指标。

创造力评价活动的开展要以全面深刻地认识创造力为前提。但是，据我国学术界的研究现状而言，目前还没有构建出能对学生创造力水平进行科学、全面的评价体系，对于学生的创造力问题还有待进一步深入探究。对于这种现状，我国研究者除了要努力构建适合我国学生创造力的评价体系外，还要时刻留意国外所取得的一些相关的研究成果，然后对这些成果和结论进行归纳和分析，同时要对一些指标是否适用于我国学生进行科学的考查。所以，尽快构建出适用于我国学生创造力评价的指标体系是刻不容缓的。

（三）创造力评价的工具及实施原则

在创造力测评的发展早期，测量往往只关注创造力的一个维度。20世纪90年代后，创造力测评有了进一步的发展，沿着四条不同的路线开展，即针对创造性的过程、创造性的人、创造性的产品以及创造力评价的综合化与分化。

1.创造力评价的工具

（1）创造性过程的测评工具。对创造性过程的测评主要是通过测评与创造力相关的认知过程来完成的，即从个体的思维角度入手来测评学生的创造力。这类测评是以测量发散思维为主要指标的。吉尔福德编制了SOI成套测验，旨在测量学生的流畅性、灵活性及原创性等发展水平。随后托兰斯基于SOI测验编制了迄今为止运用最广的发散性思维测验——创造性思维测验（TTCT）。可以看出，关于创造性过程的测评工具，主要是采用一些测量题目和问卷的形式进行测评。在我国，大多数关于创造性过程的测评也是以发散思维为主要指标。

长时间以来，大众普遍认为对于创造性思维来说，其核心要素就是发散思维。但是，随着专家的不断深入研究，又有了新的看法，认为发散思维和创造力是不一样的，发散思维只能算是创造力得以形成的一个重要方面。很多研究结果都表明，在创造力形成的过程中，聚合思维同样具有十分重要的作用。所以，在对相关的评价工具进行应用时，必须对测评的效度以及评分的问题做好审查。

（2）创造性的人的测评工具。对创造性的人的测评，是从个性的视角的测量。这一类的测评主要是测量学生的好奇心、独立性、自信心、意志等与学生创造性相关的人格特征。一般是从学生的人格、兴趣、态度与动机几个方面进行测量。主要的测评工具有人格测评、动机量表、传记调查等。例如，戴维斯（Davis）和里姆（Rimm）编制的发明创造性才能的集体调查表、卡特纳—托兰斯创造知觉调查表、高夫（Gough）的形容词检核表、柯顿创造力风格问卷、MBTI（Myers-Briggs Type Indicator，MBTI）人格类型量表（徐雪芬、辛涛，2013）。创造性的人的测评，主要是以量表、问卷、传记等为载体作为测评依据。

从创造性的人的角度测评学生的创造力存在一些结构效度低的问题，单一地从创造性人格指标来评价整个学生的创造力显然是不够的。

（3）创造性产品的测评工具。对于创造性的产品进行测评，就是站在创造性成果的视角对产品进行评价。不同的领域，创造性的成果具有各种不同的表现形式。比如，钢琴曲、诗歌、科技发明等，这些都属于创造性成果的表现形式。在测评创造性产品时，最常使用的工具就是同感评估技术。该技术的提出者是阿玛比尔（Amabile），他认为，一个人作品的创造性能够反映这个人本身的创造力水平，而作品的创造性主要体现在两个方面，一是作品的新颖性，二是作品的适宜性。当然，同感评估技术并不是对所有创造性产品的评价都是适用的，该技术主要用于对艺术类、语言类等产品进行测评。

和创造性人格特征的测评相比，创造性产品的测评更为客观，同时对学生创造力水平的评价更加准确且客观。但是还存在一个关键的问题，那就是很难去设定评分的标准。此外，谁来充当这个测评人，对于这类评价来说也是值得思考和研究的一个重要问题。

（4）创造力评价综合化与分化的测评工具。在对制造理论不断的研究中，人们开始对创造力评价的内容有了新的认识，人们愈发觉得，早前的评价内容太过单一，并且评价的信度及效度都无法得到保障，所获得的测评结果的准确性和有效性也有待提升。因此，便出现了创造力评价的综合化与分化的测验。

创造力综合化测验强调创造力的多维性及复杂性。该评价方式主要是将单维的创造力测评指标汇合在一起以达成综合评价。最具代表性的测评工具有两种，一是厄本（Urban）等人在1985年研制的TCT-DP（创意—绘画创作测验），二是路巴德（Lubart）在2009年研制的EPoC（evaluation of Potential for Creativity）。前者主要从8个维度对学生创造力进行考察，后者则弥补了一些传统测评工具的缺陷。而分化测评是基于创造力的特殊性观点上形成的。典型的测评工具是慕尼黑大学针对学龄儿童制定的测验，以及一些特殊领域的测评表格。比如，在2005年，由卡森（Carson）等人编制的创造力成就问卷等。

2.创造力评价的实施原则

评价创造力所采用的工具就是对个体的创造力进行测量的关键载体，只有用对了评价的工具，才能对学生的创造力进行客观且有效的评价。在进行评价的时候，要从多个方面来进行测评，如测评工具和测评人的选择、测评结果的应用等。具体而言，在进行测评时，必须坚持以下几个实施原则。

第一，利用评价创造力的工具强调从创造力不同的角度对其不同的水平加以测评。这是专家根据相关的理论基础以及测评的侧重方向制定的，在运用的范围上具有局限性。所以，在使用测评工具测评创造力时，必须对测评工具的理论基础、测评工具适应的对象、测评的效度和信度等方面进行充分了解。对测评工具进行合理的选择是客观、有效评价创造力的基础。

第二，在评价的过程中，测评人必须全程参与，不管是选择测评工具、开展评价工作，还是解释评价结果，以及剩下的各个环节中，都不能少了测评人。也就是说，在创造力评价中，专业性的测评人的存在是非常关键的。不一样的测评人，对同一个体所做出的评价可能也是不一样的，所以，为了保证评价的信度，最好是选择一些接受过专门、系统培训的测评人。

第三，不管是什么测评工具，它都有适用的测评范围，具有一定的局限性，而创造力是一个综合体，具有多维性和复杂性。对创造力进行评价的目的就是通过相关的指标来预测和评价创造力，但是预测出来的结果明显是不具有确定性的。所以，通过多项指标进行综合性的评价能够对创造力水平有一个较为准确的评价。

第四，对测评的结果予以客观的解释。测评工具并不是万能的，它是对学生创造力进行筛选、鉴定的工具。测评的结果当然也不是绝对准确的，只能作为一种参考。所以，在获得评价结果后，必须对其有一个客观的解释，这是实施创造力评价的一个重要原则。

第十章　品德的形成

第一节　品德概述

一、品德的实质

品德即道德品质，它是社会道德在个体身上的具体体现，品德是个体展开行为活动时所保持的一种较为稳定的情绪与心理特征，通常此类行动主要是个体参照社会道德行为规范所展开的。品德的实质主要表现为以下几方面。

（一）品德形成的后天性

品德的形成是一个循序渐进的过程，需要个体在长期的学习生活与生产活动，以及人际交往中逐渐形成与发展起来。从个体成长过程中可以了解到，品德的形成过程经历从个体的出生到成年整个成长阶段，涉及各种各样的人际关系，包括有单位同事关系、领导关系、母子关系、夫妻关系、师生关系、同学关系等。这些关系都要求个体按照社会统一的行为规范与准则行事，否则将无法在社会中正常学习、生活与工作。由此可见，对儿童与青少年来说，应当清晰地了解与掌握社会的统一行为准则与规范，学会如何与他人相处，在这个过程中，他们的品德也逐渐形成与发展起来。

（二）品德内容的社会性

品德是一种社会道德关系的彰显，最主要的特征表现为内容的社会性方面。第一，品德反映着一定历史条件下的某种社会关系。品德作为个性的独特表现，不是个体的生理自然属性，而是个体的社会属性，反映着人的社会特质。第二，社会发展状况对个体品德的形成起到一定的影响与作用。从本质上来说，个体品德的形成、发展和变化都与社会的现实条件有着密切的联系，且社会现实条件又受到当时社会生产方式的影响，而个体借助各种具体的社会实践活动逐渐形成并发展个人品德。总的来说，全人类性、历史性与阶段性的统一是品德内容社会性的体现。

（三）品德表现的行为性

道德品质与道德行为二者是密不可分、互相依存、互相影响的。具体表现为道德品质需要通过道德行为得以体现，个体长期的道德行为逐渐形成个体道德品质。所以，判断个体道德品质需要观察其行为。

（四）品德结构的稳定性

一个人的品德不能仅仅通过一件事或者一段时间来判断，它需要通过个体一生的时间以及一系列的行为活动来判断。正如黑格尔所说的，一个人做这样或那样一件合乎伦理的事，还不能说他是有德的，只有这种行为方式成为他性格中的固定要求时，才可以说他是有德的。

（五）品德抉择的自觉性

品德抉择具有一定的自觉性，主要体现在以下两方面：首先，在复杂的道德情境中可以凭借一定的判断，创造性地、自觉自愿地以及积极主动地调节自身行为。其次，品德的形成应当以某一社会道德观念或道德意识为前提。个体行为是否属于道德行为，是由社会公认的道德意识与行为的统一来决定的。精神病患者与婴幼儿的一些行为也会存在道德意义，但是不能称之为道德行为。反之，是某些行为违反了社会约定俗成的行为规范与准则，也不能将其视为不道德行为。

二、品德的结构

道德认识、道德情感、道德意志与道德行为是品德结构的四个组成部分。

（一）道德认识

道德认识是个体对道德规范与其执行意义的认识，而这种认识的结果呈现出来的便是道德观念与道德信念。道德认识在个体品德结构中处于核心地位。

随着道德认识的不断深入便会产生道德观念与道德信念，三者之间呈现出一种递进关系。总的来说，道德观念与道德信念都是在道德认识基础上产生的。具体来说，个体对社会道德准则与规范拥有较为系统化的认识时，便会产生道德观念；而当个体对这种道德认识形成坚不可摧的精神力量时，便会产生道德信念。道德信念是一种相对稳定的能够调节与支配个体行为的意识形态。如果仅停留在道德观念而无道德信念时，个体便容易产生明知故犯的错误行为。

（二）道德情感

道德情感是在个体进行道德认识时产生的一种心理体验。它既能表现为在道德观念影响下个体采取某些行动过程中所产生的心理体验，也能表现为个体在道德观念的标准之下对他人或自身行为进行评价时产生的心理体验。可以说，在个体的道德行为与道德观念中都渗透着道德情感。其具体内容包括羞耻感、责任感、义务感、自尊感、事业感、集体主义情感与爱国主义情感。其中，羞耻感、义务感与责任感是儿童与青少年品德发展过程中至关重要的因素。

（三）道德意志

道德意志实质上是一种实现道德目的的心理过程，具体指的是个体在经历磨难时所表现出的一种自觉调节自我行为的心理活动过程。道德意志体现在它对道德意识的能动作用方面，以及促使道德意志真正作用于个体的道德行为方面。具体表现为使利他动机战胜利己动机、道德动机战胜不道德动机等。在这些道德意志的表现形式中，抑制不道德行为与抵抗不良环境诱惑是较为突出的表现形式。

（四）道德行为

道德行为是基于道德认识与道德情感而表现出的一种对他人与社会都具有道德意义的行为。从某种意义上来看，道德行为是道德认识与道德情感的外化表现，也是对个体道德品质进行衡量的关键因素。其具体行为包括道德行为习惯和道德行为技能，通俗来讲，它们与其他行为习惯和技能并无差别，只是出现在道德情境下时被赋予了道德含义。

三、道德与品德的区别与联系

道德与品德两个不同概念有不同点。首先，品德主要是个体内在品质的一种体现，虽然带有一定的社会属性，但是主要是个体心理特征的反映，而这种心理特征也会受到社会因素以及个体生理与心理发展规律的影响与制约。比如，青少年的道德推理与判断，就会呈现出一种与其年龄发展阶段相匹配的社会认知与思维能力。道德本质上是一种社会现象，会随着社会的发展而变化。其次，品德这一名词经常会出现在教育学与心理学研究领域，道德则出现在伦理学与社会学研究领域。品德是个体意识的反映，表现为社会道德要求与个体道德需求之间的关系；道德是社会意识的反映，表现为社会对社会成员的道德要求。

道德与品德还存在着紧密的联系。主要表现为个体品德是社会道德要求与规范的彰显。与此同时，个体品德的形成与发展需要建立在社会大环境与社会道德规范的基础之上。从另一角度来看，社会成员的整体道德品质与道德行为也对社会道德的内容产生一定影响。也正是这些社会成员的道德生活实践与持续发展的道德需要，为社会整体的道德规范完善与调整提供了有力依据与发展动力。

第二节　品德发展的动力因素

有关品德发展动力因素的研究，至今尚未出现较为成熟的研究理论，许多心理学领域的专家学者仅对人格发展动力因素进行过相关研究。品德是人格的关键组成部分，所以笔者将在本节从人格发展视角，对品德发展动力因素进行简单梳理。

一、认知主义心理学派的动力观

皮亚杰与科尔伯格（Kohlberg）等人认为，通过认知对个体行为的原因进行解释，将人类行为的发展归因于人类认知的发展，强调人类认知对于人格形成的重要作用，这就是认知心理学派的动力观。

认知主义心理学派的研究人员将研究道德的重心放在个体思维发展、道德推理与道德判断方面。最初，皮亚杰对个体道德发生机制展开研究，研究对象是儿童群体，研究内容集中在儿童道德判断方面。他认为，儿童对于社会现象与关系的认知与判断是道德的集中体现，从心理学角度来看，就是个体与社会彼此作用的结果。在这之后，美国心理学家科尔伯格在皮亚杰的研究成果基础上，提出了有关个体道德发展的“六个阶段”“三个水平”理论。他认为人的道德判断能力除了与社会经验有关之外，还与个体智力和社会认知发展水平有着一定的关系，“社会经验对个体当前的推理能力构成了认知上的挑战，不太成熟的个体通过同化别人的逻辑适应这种挑战，因此促进了道德的发展”（陈会昌，2004）。

个人构念理论是由美国心理学家凯利（Kelly）提出的，个人构念属于该理论的专用名词，主要是指个体预期事物所采用的一种方法。他认为，个体是通过不断调整自身的构念系统来理解世界与预测未来的。米契尔也强调人的行为是由人的认知决定的，当个体遇到某件事时，便会与被认为是复杂认知的情感单元发生作用，并最终指导个体行为。

认知失调理论是在格式塔心理学基础上形成的，该理论强调个体在观念、信仰、价值观、态度方面力求达到统一的状态，“存在一种朝向认知间协调的驱力”（费斯汀格，1999）。如果个体观念与行为出现不一致的情况，个体认知便会出现失调，这是个体与社会彼此作用的结果。此时，失调便成为个体改变行为的动因，目的是使个体观念与行为达到平衡状态。海德（Heider）、勒温（Lewin）与皮亚杰的相关研究也表明，人类内在需求是维持一种平衡与一致性。因此，从认知心理学的角度出发，道德动机与智力的形成与发展、道德知识的掌握促使个体品德的形成，认为认知因素决定着个体品德发展，“认知失调是品德改变的先决条件”（汪凤炎、燕良轼、郑红，2019）。但是部分个体的不道德行为的产生究其原因还是认知层面的不健全、缺失。

二、行为主义心理学派的动力观

行为主义心理学强调环境的因素，强调学习与强化对人的行为的决定性影响。早期的行为主义者华生以及激进的行为主义者斯金纳，强调学习是人的行为习得的基本方式，强化是行为习得的决定因素。

以儿童行为研究为例，其学习主要是指在某一特定情境中习得某一行为的过程。而促使学习行为的动因又是什么呢？斯金纳指出，个体往往通过强化实现儿童学习的行为。所谓强化，就是通过强化物使得个体某一行为出现概率增多的过程，而强化物就是刺激个体行为反应次数增多的事物。因此，行为主义理论更加强调外界对于个体刺激与个体行为的影响，其中强化起到至关重要的作用。如果想要个体行为出现概率逐渐增多，那么就不断进行强化；如果想要某种消极行为消失，那么便停止强化。

行为主义者认为，个体学习离不开四个关键组成部分，即驱力、线索、反应与强化。其中驱力主要指的是外驱力，也就是刺激个体采取某一行为的驱动力，而非个体的内驱力。线索是个体行为产生的方向，特指何地、何时以及产生何种行为反应。该研究者认为学习不仅源于单一强化作用，而是需要外界刺激物、行为发生方向以及刺激反应行为等一系列的要素。由此可见，品德形成依靠的不只是强化，还有学习。

行为主义心理学派研究者认为，在个体道德教育领域中，个体的品德与人格是个体长期的行为习惯与行为方式的产物。因此，人们通常比较注重社会文化、行为训练、榜样强化等客观因素对品德行为产生的影响，却忽视了让学习者了解道德行为评判标准是什么。这就造成很多学习者在道德行为评判中无法明辨是非，道德行为的迁移能力以及其灵活性与原则性的发展受到一定程度的制约，从而出现“好人办错事”的情况。

三、精神分析学派的动力观

精神分析学派研究人员认为人的行为是由人的本能决定的，并在个体道德品质的形成与发展过程中发挥着至关重要的作用。在相当长的时间内，弗洛伊德的本能理论占据主导地位。他将个体本能所具有的精神能量称为力比多。力比多最初含义多指性本能，之后逐渐发展成为生本能与死本能。生本能主要是指个体性本能与生存本能；死本能主要体现为一种破坏的力量，是有机体转为无机状态的体现。弗洛伊德指出，当个体的某一本能无法得到满足或释放的时候，便会将本能转移到其他地方，或是选择其他对象，这也是该理论中行为机制的基本原则，并且这种原则可以解释社会中普遍存在的心理现象。

尽管在弗洛伊德之后又出现了新精神分析学派，但是其研究的范畴从未发生过改变。由此可见，从精神分析学派角度出发，人的本能才是儿童道德发展的动因。

四、人本主义心理学派的动力观

人本主义心理学派认为，个体发展的最终动力是个体内在需求的满足，是个体潜能与自我价值实现的需要，通过个体内驱力促使其完成自主选择与个体潜能的充分发挥，从而实现个体人格不断完善的目标。

人本主义心理学派研究者普遍认为个体品德发展的根本动因在于个体的内在需求，个体通过经验世界与参考框架的构建形成个体独特的自我实现倾向，这便是个体人格发展的动力所在。虽然该理论还没有完全脱离个体本能论，但是理论中提到的本能内容与范围已经发生了变化。具体来说，以马斯洛的需要层次理论为参照，该理论强调个体除了有基本的自然本能需求之外，还有更高层次的精神层面需求。在道德教育领域中，由该学派衍生出的全新学派——价值澄清学派认为，人类具有自我指导与理智行为的能力。

第三节　品德的形成与培养

一、品德形成的一般过程

通常来说，依从、认同与内化是个体品德形成的三阶段。

（一）依从

服从与从众是依从的两方面。所谓服从，主要是迫于群体氛围、权威命令以及社会舆论压力的影响而放弃个体观点，从而尽量与大众行为保持一致的状态。它是一种个体出于被迫或是自愿的体现。被迫服从也叫顺从，主要是指表面接受某一观点与意见，并在行为上配合外界需要，但是从情感与认识层面与他人并不保持一致。从众主要是指人们对于某一行为必要性与依据缺乏体验与认知而选择与他人的行为保持一致的现象。

依从阶段通常具有被动性与盲目性，并且缺乏一定的稳定性，会随着环境变化而发生变化。依从行为主要是由于个体缺乏对道德规范行为必要性的情感体验与充分认识，行为动力主要源于外部世界压力而非内在需求，因为选择依从可以获得奖赏。从另一个角度而言，处于依从阶段的品德尚处于发展的较低水平，但也是品德养成的初始阶段。在此之后，随着个体参与社会实践活动的不断增多，个体对道德规范行为的必要性有了充分认识与情感体验，个体的品德也随之得到完善与发展。

（二）认同

认同是个体在情感、行为、态度与思想方面自觉接受他人影响，促使自己的行为、态度与周围人保持一致的做法。其本质就是对榜样的模仿，其目的是想要和榜样保持一致。

与依从不同之处在于，认同是内在需求方面发挥作用，不再受到外部因素影响，因此具有一定的稳定性、自主性与自觉性。认同阶段的个体，对于道德行为规范的认识尚未明晰，并且也没有形成对社会道德行为规范必要性的情感体验，仅仅是出于对榜样的仰慕与崇拜之情，由此产生的行为上的一致性。认同感越强，其模仿意识就越强，从而克服困难的意志力越强。因此，榜样的示范方式、特点与行为特质等都会对认同产生一定的影响。

（三）内化

内化是在思想观点方面与他人保持一致，并将这种思想观点融入自己已有的观念框架内，形成一套全新价值体系的过程。这种内化过程很好地解决了各种观念上的矛盾与冲突。当个体通过内化后的思想指导个体行为时，便会产生一种满足感与成就感；而当自己的行为与自己内化后的思想不一致时，个体便会在内心产生一种愧疚感与不安感。

个体在内化阶段具体表现为稳定性、坚定性、自主性与自觉性，可以说，此时的个体已经具备了稳定的品德。

二、影响品德形成的一般条件

（一）外部条件

1. 家庭教育方式

实践证明，学习者的品德特征与家庭教育方式有着很大的关系。如果家庭教育方式偏严格或者过度放任，那么孩子容易与周围环境形成对立情绪，并出现一些不良行为。如果家庭教育方式表现为民主、信任与容忍，那么孩子便容易培养出优良的道德品质与良好的道德行为。

2. 社会风气

社会风气的形成主要来自社会成员中优秀榜样的影响，以及大众媒介传播与社会舆论的引导。作为社会成员的一部分，学生无可避免地会受到社会风气的影响，而他们正处在生理与心理发育的特殊阶段，无法对社会上一些不良现象进行正确的判断，极易受到社会不良风气的影响，从而制约学生道德价值观与道德信念的形成，给教师德育工作带来不小的难度。

3. 同伴群体

身为社会成员的一部分，每位学生都发自内心的需要一种认同感与归属感，因此校园内的班集体与社团对学生具有巨大的吸引力。为了能够在群体中得到大家的认可，他们尽可能地与集体其他成员在行为与思想方面保持一致，因此学生在思想道德与行为方面也会受到其他成员的影响。

（二）内部条件

1. 认知失调

人类具有一种维持平衡和一致性的需要，即力求维持自己的观点、信念的一致，以保持心理平衡。当认知不协调或不平衡时，一个全新的事物出现与自己原有的观念、经验相违背时，或是环境舆论与自身观点不一致时，个体内心便会出现一种紧张与不平衡感，这时，个体便会试图通过改变自我认知或内心观念来使得自己内心恢复平衡状态。

2. 态度定式

个体根据以往经验，对所面临的事或人可能会产生的某种否定或肯定、厌恶或喜好、回避或趋向等心理倾向性，这种事先的态度定式或心理准备通常支配着个体对事物的评价与预料，从而影响着个体是否接受有关信息与接受信息的数量。倘若学生对教师有相对负面的态度定式，那么其对于教师的教诲与要求，则会表现出一定的抵触心理，严重的还会发生师生冲突。帮助学习者形成对集体、对教师的积极的心理准备与态度定式，是使学习者接受道德教育的基本前提。

3. 道德认知

个体头脑中已有的道德规范与准则的掌握程度与理解水平以及已有的道德判断水平影响着个体品德的形成与改变。根据科尔伯格与皮亚杰的研究，若要提高或改变个体的道德水平，应当考虑其接受能力，遵循先他律而后自律、循序渐进的原则。比如，当学习者的道德判断能力处于其发展的第二阶段时，最好的方式是向学生讲解第三阶段的道理，如果一味向他们灌输第四或第五阶段的大道理，即使他们能够熟记以上大道理，也不能被他们的认知结构同化，自然也不能作为一种内在的道德信念来指导行为。实施道德教育时，不应只注重道德教育的形式，进行道德说教，而是应结合学习者的真实体验与实际生活，晓之以理。

除此之外，个体的年龄、智力水平与受教育程度也会对品德的形成与改变产生一定影响。

三、品德的培养方法

教师能够综合应用一些方法来帮助学习者形成品德。常用且有效的方法有：运用有效的说服、树立良好的榜样、利用群体约定、进行价值辨析、给予恰当的奖励与惩罚等。

（一）有效的说服

教师通常会通过言语对学生进行思想教育工作，目的在于转变学生态度，从而使其形成良好的品德，这个过程需要教师提供某些信息或证据，以此来改变或支持学生态度。对于不同年龄段的学生而言，教师在说服学生时所采用的论据也会有所不同。一般来说，年龄较低且理解能力偏弱的学生，教师通常会选取那些易于理解的正面证据；而对于中学生来说，由于他们的理解能力较强，教师可以选取正反两面的证据，让学生脑海中形成较为全面且客观的印象，从而改变学生的态度，使其形成良好的品德。通常情况下，当学生没有提出相反意见时，教师只需要提供正面观点即可，以免出现负面影响，误导学生。如果学生向教师提出反面观点时，教师就应该同时提供正反两面的观点，便于学生全方位地认识问题。此外，当学生情绪激动急需教师展开说服工作时，应当选取正面观点，在最短时间内起到安抚学生情绪的目的；当需要说服学生建立长期且稳定的态度时，可以选取正反两方面的观点。

教师仅凭客观描述说服学生，很难达到理想效果，所以有时候需要运用富有感情色彩的说服内容与表述方式，才更易被学生所接受与认同，并且在学生没有抵触心理的前提下，再附以充分的材料加以论证，如此一来，才会产生较为长期且稳定的说服效果。对于理解能力稍弱的低年级学生而言，主要以情感说服的方式为主。对那些有吸烟、酗酒、作弊等不良行为的学生而言，也许会使他们产生一定的焦虑、恐慌等负面的心理体验，但是却会产生一定的说服效果。这里还需要特别注意的是，当教师在给学生进行说服工作时，首先应当观察学生当下的情绪状态，如果学生的状态不佳，教师应当具体问题具体分析，应循序渐进、有的放矢地开展说服工作，切忌急于求成。

（二）树立良好的榜样

榜样在观察学习过程中所起到的作用非同一般。模仿者可以对榜样的示范行为、榜样的示范形式以及榜样行为的结果等方面进行学习。以班杜拉的经典实验为例进行说明，实验对象为3~6岁的儿童，将其分成三个组。实验内容为让这三组儿童观察一位成人男子暴打充气玩偶的画面。然后，再让这三组儿童分别观察该男子施暴后的画面：第一组儿童看到的是施暴男子暴打玩偶后被表扬与鼓励的画面；第二组儿童看到的是施暴男子暴打玩偶后被惩罚的画面；第三组儿童什么都没有看到，还是之前施暴男子暴打玩偶的画面。之后再将三组儿童分别带入单独的房间，房间内都放置有各种玩具，其中也包括玩偶。研究者对这些儿童的行为进行观察，第一组儿童表现为对“榜样”的暴力行为进行模仿，存在一定攻击性行为；第二组儿童没有表现出太多的攻击性行为；第三组儿童则比第二组表现攻击性行为更为明显一些。由此可见，由于这三组儿童分别看到了“榜样”行为后的不同强化，因而产生了不同的模仿行为。班杜拉指出，让学习者观察“榜样”的替代强化或替代惩罚意义极其重要。

榜样在观察学习中具有极为重要的作用，是用来激励学生、帮助学生纠正错误行为的学习对象，因此选择的榜样应当让学生产生一种亲切感，这就要求榜样应该在年龄、生活背景、兴趣爱好等方面与学生具有相似性，此外，榜样应当具有令人发自内心钦佩的行为与人格魅力等，只有这样才能激发学生向榜样学习的热情，同时使学生通过学习榜样的优秀品质不断提升与完善自我。

（三）利用群体约定

研究发现，经过集体成员共同探讨决定的协定、规则，对集体内部成员具有一定的约束力，促使成员承担应当执行的责任。一旦集体中的成员出现违反或者逾越集体约定的行为，则会使成员在无形中感到一定的压力，从而迫使成员改变以往的态度和行为。教师可以借助集体讨论的方式形成共同约定的方法改变学习者的态度和行为，具体可以按照以下程序进行操作：①通过集体讨论进一步明确问题的性质。②让集体成员意识到改变态度和行为问题的重要性。③经过集体共同讨论明确应当形成的新态度和新行为。④研究出改变态度和行为的执行计划与具体措施。⑤按照计划落实到人，确保每位学生能够认真执行。⑥确保学生认真执行改变态度和行为。⑦对前段时间学生的改变进行评价，促使态度和行为得到进一步巩固。如果在评价过程中发现，学生态度和行为改变效果不明显，那么则需要重新制订执行计划，直至学生改变态度和行为。

（四）进行价值辨析

研究者指出，人的价值观形成是一个循序渐进的过程，在这个过程中需要个体对自身思想与行为进行辨析，并在辨析的过程中，逐渐形成清晰且稳定的价值观。学生价值观的形成需要教师的引导。教师帮助学生运用相对客观理性的思维去看待问题、分析问题与解决问题，在此过程中，学生通过情感体验更加深刻地体会其中道理，这些道理最终形成个体的价值观，而价值观又进一步指导个体的道德行为。应该说，价值观的形成离不开辨析，而有很多策略可以促进辨析，如交谈、解决真实的与假定的两难问题、小组或大组讨论等。当教师面对个体谈到有关学生志向、兴趣、目的、态度以及活动动机等问题时，应当给予学生适度的言语反应，以引导学生展开思考，从而使其在辨析的过程中逐步形成价值观。当教师面对团队时，应当让每位学生通过探讨发表各自的意见与观点，了解不同个体对于同一问题的理解，从而让学生形成正确价值观以指导自己的道德行为。

要想使一种观念成为个体的道德价值观，必须经历三个阶段。

1.选择阶段

（1）自由选择。让学生独立思考“你认为你是从什么时候第一次产生这种想法的？”这一问题。

（2）从多种可选范围内选择。让学生独立思考“在你产生这一想法之前，你经常考虑什么事情？”这一问题。

（3）充分考虑各种选择的后果之后再进行选择。让学生独立思考

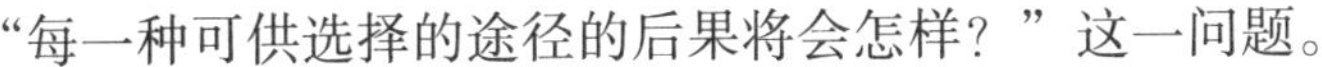

“每一种可供选择的途径的后果将会怎样？”这一问题。

2. 赞赏阶段

（1）喜爱自己的选择并感到满意。让学生考虑“你为这一选择感到高兴吗？”这一问题。

（2）愿意公开承认自己的选择。让学生回答“你会把你知道的选择途径告诉你的同学吗？”这一问题。

3. 行动

（1）按自己的选择行事。教师可以对学生说：“我知道你赞成什么了，现在你能为它做些什么呢？需要我帮忙吗？”

（2）作为一种生活方式加以重复。教师问学生：“你知道这个途径已经有一段时间了吗？”

个体只有按照这个步骤一步步认真执行，才有可能拥有相对稳定的价值观，也才会持久地指导个体行为。这个过程被称为“赋值过程”。

价值辨析作为一种诱导性的教育方法，具体表现为通过教师的提问、师生间以及学生间的讨论，帮助学生自发地发现、思考、选择或者更新已有的思想观念，从而形成相对积极的价值观与社会态度。通常来说，教师观点不一定是唯一正确的答案。教师应当鼓励学生自主思考，并对自己的价值观进行陈述，同时教师也应当接受学生的思想、感情与信念，通过集体讨论或者向学生提问的方式，让学生清醒地意识到自己的价值观，并按照价值观行事。当然，身为学生的引路人，教师有义务也有责任引导学生辨析各种价值观，并从众多价值观中选取符合社会道德原则的价值观念。

（五）给予恰当的奖励与惩罚

奖励和惩罚作为外部的调控手段，不仅影响着认知、技能或策略的学习，而且对个体的态度与品德的形成起到一定的作用。

奖励有外部的，也有内部的（如满足感、自豪感）；有物质奖励（如奖品），也有精神奖励（如言语奖励）。给予奖励大致分为三个方面：第一，确定哪些行为应当给予奖励。奖励行为越具体越好，如拾金不昧、尊老爱幼、互帮互助等一系列具体的道德行为。第二，应根据个体实际需要，给予相应的物质奖励。第三，应当给予一定的内部奖励。除了外部的物质奖励之外，个体应该在精神层面得到鼓励与奖赏，促使学生实现自我强化，并通过这一行为产生自豪感、荣誉感、成就感与幸福感等，由此促使学生继续保持此类道德行为。

惩罚式教育方法，对于不同的人来说有不同的看法，但是不可否认的是，它从某种程度上抑制了不良行为的发生，并且可以帮助学生形成正确价值观。

第十一章　心理健康教育及其评价

第一节　心理健康教育

一、心理健康教育的基本概念

（一）心理健康

随着社会不断发展进步，大众对心理健康的概念理解也越来越丰富与完善。个体心理健康标准也随着时代变迁而发生改变，不同专家对其也持有不同看法。世界卫生组织（World Health Organization，WHO）将心理健康定义为个体没有心理疾病、社会生活适应良好、心理潜能充分发挥、人格完善的心理状态。同样，在第三届国际心理卫生大会上，心理健康被阐述为身体、情感、智能三者的协调，能良好适应人际、环境、生活，能充分发挥个人能力。

2016 年，国家卫计委、中宣部等 22 个部门共同印发《关于加强心理健康服务的指导意见》，将心理健康定义为："人在成长和发展过程中，认知合理、情绪稳定、行为适当、人际和谐、适应变化的一种完好状态。"

综上所述，心理健康是机体健康的重要前提。心理健康标准包括发展性标准与应用性标准。黄希庭指出：健康的标准是正常的实践活动；个体心理特点与生理阶段性的能力生长相一致；个体拥有独立人格；个体的心理特点能与社会协调统一。与此同时，还有学者认为，心理健康的标准是情绪反应适度、认知功能正常、社会适应良好、自我认识客观、人际关系协调等。上述内容中均提到了提高个体心理素质，发挥个体的创造力与潜能，使人的价值在一定的条件、环境下能够得以体现。

总体而言，心理健康表现为个体态度积极、认知正常、行为恰当等，同时能够处理好工作、生活、学习、人际中的各种问题，并保持一种良好的平衡状态。

（二）心理健康教育

《心理学大辞典》指出，心理健康教育是一项以促进个体心理健康而进行的教育活动，具体内容有心理健康教育基本常识、心理异常现象、心理健康常识、心理调节方法，其重点是让学习者可以了解学习、生活、社会适应、人际方面的心理常识。

自 20 世纪 80 年代我国开展心理健康教育以来，心理健康教育概念的内涵就在随着时代发展而不断变化，众多专家学者对这一称谓也有着不同的观点与看法。有的学者认为它是一种教育人的活动，有的学者认为它是一种诊疗活动，也有一些学者指出它是一种助人活动，还有学者强调它是一种激发个体潜能，促进个体全面发展的活动。总而言之，每个学者对心理健康教育的理解都会有所区别，但这也恰恰证明，心理健康教育是一个内涵极为丰富的概念。

心理健康教育的目标、教育的受教者与主体、学生的身心发展特点和心理健康教育的内容是心理健康教育概念的四个要素。除此之外，从心理健康教育的内涵中也可以看出教育活动的重要性，它在学生心理健康成长过程中起到不可磨灭的作用。

二、心理健康教育的基础理论

（一）马克思主义哲学相关理论

从学科知识的演变角度分析，心理学是从哲学这门系统化、理论化较强的学科中衍生而来的，而心理学是专门研究个体心理现象、精神功能与行为的学科，它包括应用领域与理论领域。随着心理学科的不断发展，心理健康教育又从心理学中分化出来形成了具有中国特色的教育实践活动，并逐渐向着新型学科的方向发展。因此，将实践观理论与马克思主义哲学观作为心理健康教育的理论基础，既能充分体现心理健康教育的科学性，同时还为心理健康教育提供理论依据。

马克思主义哲学主张辩证唯物主义。辩证法是一门研究人类思维、外部世界发展规律的科学，可以为校园心理健康教育提供世界观与方法论。其一，马克思主义辩证法中指出事物发展的本质就是新旧事物的交替变化。将该理论运用到校园心理健康教育领域，可以帮助教师全面且深刻地理解该领域的发展规律及其特点，从而更好地开展校园心理健康教育相关工作。其二，马克思主义辩证法认为事物本身存在着对立与统一的关系，即矛盾。它具有普遍性的特点，即任何事物发展都离不开矛盾的存在，同时矛盾也是事物发展的动力。鉴于此，在研究心理健康教育发展的道路上，应当做到精准地把握心理健康教育发展的内部矛盾，包括主要矛盾与次要矛盾，这样才能更高效、更精准地解决各类学生心理健康问题。其三，马克思指出人的发展经历了人的依赖关系、物的依赖关系、人的自由全面发展三个阶段。他认为人的发展最终就是人类能力的发展，而这种能力包括认识主观世界与客观世界，以及改造主观世界与客观世界的能力。因此，心理健康教育对于学生发展而言至关重要，影响着他们对于世界观、人生观与价值观的形成。只有当个体形成正确的世界观、人生观、价值观时，才能引导他们更好地发展自身能力。

（二）思想政治教育学相关原理

近些年，素质教育成为社会关注的焦点，其强调将育人作为校园建设的首要任务。因此，校园心理健康教育作为教育培养人才的途径之一，显得尤为重要。思想政治教育与心理健康教育看似两个截然不同的研究范畴，但是二者之间也存在共同性，即同样是思想意识领域的教育体系。

思想政治教育与心理健康教育是和谐统一的发展关系。思想政治教育以政治思想教育为侧重点，主要研究个体思想品德的形成与发展规律，它与其他相关原理共同为学校心理健康教育提供理论基础。从狭义上讲，心理健康是知、情、意、行的统一，是人格完善协调与社会适应良好。而思想政治教育学是把人们思想品德形成发展的基本规律和对人们进行思想政治教育的规律作为自己研究的对象（钱焕琦、刘启珍，2007）。

所以，思想政治教育从本质上来看是人内在心理到外在行为变化过程的研究，它与心理健康教育研究中个体的知、情、意、行的变化过程及发展规律是一致的（张耀灿、郑永廷、吴潜涛，2006）。因此，研究思想政治教育规律可以更好地促进校园心理健康教育的发展。

（三）心理健康教育理论

关于心理健康方面的问题，西方国家的许多学者有着丰富的思想，他们的这些思想大多来自学校心理辅导的各项实践活动，之后伴随其发展形成了不同的思想流派，这些思想流派对心理健康教育具有重要的参考价值与理论指导意义。

1.马斯洛自我实现理论

马斯洛自我实现理论以人的发展作为研究中心，他将人的不同需求按照由低至高的渐进方式逐层划分，其中“自我实现”是个体需求的最高层次，而教育的最终目的就是通过内驱力激发学生自身潜能，通过“自我实现”的内驱力将个体的水平发挥到极致。他指出，人对自我实现与成就的欲望，是一种促使个体潜力得以发挥的重要成因，是学生形成良好性格的必要条件。此外，马斯洛反对将成绩作为评判学生好坏的唯一标准，认为这样的教育缺乏人性化，只能使教育变得越来越功利化。而人性化的教育离不开思想教育，思想教育究其本质就是人内在世界的构建教育。马斯洛认为，学校作为学生成长的关键环境之一，应该尽量做到将思想教育放在首位，为学生提供多种心理体验机会，杜绝一切“物化”教育，并为学生提供良好的发展环境，培养他们的自主性、创造性以及自觉性。

2.罗杰斯人本主义教育思想

大部分人都具有达到健康人格的先天素质，这是人本主义教育取向学者的观点。该理论的研究者强调个体的主观能动性与内在价值。人本主义教育思想指出，要想促使个体发展，就应当给予个体充分的尊重与心理层面的平等沟通，并给予更多的理解与关切。罗杰斯主张“以学生为中心，以自我实现为动力”，以充分发挥个体潜能为目的。

罗杰斯在传统教学观的基础之上，重新对人本主义教育进行解读，揭示出人本主义教育本质是一种“偏感性主义”的人文素养教育，教育的目的在于技能与知识的传播，强调利用个体的“创造力”与“自由感”的知识、情感体验的能力来建构与完善个体人格。罗杰斯还认为教师应通过组织丰富多彩的学习活动，激发学生的学习热情与主观能动性，鼓励他们自主学习，并在整个过程中体会到自我价值实现的乐趣。此外，学生人格的完善过程也需要教师的引导。教师应当在遇到具体实际问题时，积极引导学生通过自主评价的方式发现问题，此做法更有利于学习者在今后的学习生活中清晰且明确地知晓问题所在，以便按照设定好的发展目标及时纠正自身行为。

总的来说，中国教育发展离不开罗杰斯人本主义教育思想的影响，它为我国素质教育发展提供了坚实的理论基础，也促使我国教育界开始关注青少年儿童性格的塑造与创造力的培养，并且该理论符合个体生理与心理的发展规律，也进一步丰富了我国的心理健康教育理论。

第二节　新时代下的大学生心理健康教育评价

一、心理健康教育评价概念解读

（一）教育评价

评价，顾名思义就是评定价值。从词源学来讲，评价的含义是引出和阐发价值，而教育评价是人类对教育过程的一种价值判断活动。

教育评价之父泰勒认为，教育评价在本质上是确定课程和教学大纲在实际上实现教育目标的程度的过程。伴随教育评价研究的不断深入，专家学者们普遍认为教育评价的本质就是一种价值判断的过程。

教育评价有三个特征：①教育评价是一种主体活动，主体价值需求与评价总需要密切相关。②教育评价要依据决定论，应当紧紧抓住认识与实践、主体与客体的发展规律。③教育评价本质上是一种客观世界在人脑中的反映，借助此类反映促使人类重新认识教育活动，并对其发展进行相应调整，从而促使其向着更高层次发展。上述内容是教育评价概念中最为显著的三个特征，也是众多有关教育评价概念描述中普遍存在的三个特征。

（二）大学生心理健康教育评价

大学生心理健康教育是高等院校面向大学生开展的心理健康教育活动。此类教育活动旨在帮助大学生解决已经产生的或即将产生的心理问题。大学生心理健康教育已经在各大院校普及，但是对该教育活动的评价尚属于一个全新的研究领域，由于参考资料较少，且不同的学者研究角度不同，导致关于大学生心理健康教育的研究内涵极为丰富，直至今日，学术界也没能给出确切的定义。即便如此，大学生心理健康教育评价也从根本上推动着大学生心理健康教育不断向前发展，促使教育质量得到提升。在教育评价与心理健康教育概念相结合的基础上，可以将大学生心理健康教育评价的概念定义为根据与心理健康教育相关的标准与要求，运用相对科学严谨的评价体系对大学生的心理健康教育开展价值评价的活动。

（三）新时代大学生心理健康教育评价

新时代的到来意味着现代化的发展、教育理念的转变。具体到大学的思想政治教育领域，也意味着在注重思想道德教育的基础上，对人才培养提出了更高要求。“立德树人”是新时代下我国教育发展的根本任务，要想做好道德教育，无论是道德规范、理想信念还是爱国主义都要求大学生拥有一个健康的心理状态。大学生心理健康教育与“立德”“树人”的价值与目标是一致的，思想政治教育的前提与基础是健康的心理状态，也是大学培养人才的前提条件。在具体研究中，新时代大学生心理健康教育评价能够理解成为满足“立德树人”教育理念对心理育人的要求，优化与调整心理健康教育的评价标准，对如今大学生心理健康教育的实践与理论展开价值判断，以期达成心理育人的根本任务与最终目标。

“立德树人”的根本任务始终贯穿于大学生心理健康教育评价研究的

全过程，是新时代大学生心理健康教育的主要特征，也是我国未来教育工作前进的方向。“树人”先“立德”，心理健康教育是思想道德教育的前提，应当放在教育工作的首要位置，也是评价研究必须坚守的原则，因此应当将二者的结合落实到位。新时代大学生心理健康教育评价发展应该保持大学生内在心理发展与社会外部条件的同向同行。随着时代的进步，心理健康教育评价的外部条件也发生了相应变化，如科学技术的创新、政策法规的完善等，这些变化无形中进一步拓宽了大学生心理健康教育评价的研究内涵。新时代大学生在价值取向、生活习惯、行为方式、思想认识等方面均具有新的成长特征，他们对成长的外延与内涵有自己的界定。总之，对新时代概念的诠释需要从两个角度进行分析，一个是从政治、科技、经济等外在条件进行分析；另一个是从大学生的内在成长层面展开研究。

二、新时代大学生心理健康教育评价功能

事物的效能与功用统称为功能，此概念呈现出事物的“有什么用”的价值追问与“是什么”的本质追问。

新时代大学生思想政治教育与心理健康教育质量的提升均离不开大学生心理健康教育评价研究，该研究会对上述内容产生影响，从而促进人才培养质量的提高。接下来，笔者从践行立德树人理念下的心理育人、提升大学生心理健康教育质量、达成全员培育“四要”青年的育人目标这三个方面进行探讨。

（一）践行立德树人理念下的心理育人

新时代大学生心理健康教育评价在心理健康育人过程中始终发挥着重要作用，即保障在心理健康育人过程中能够始终坚持立德树人的教育理念。在进行大学生心理健康教育评价时不能脱离时代发展、社会变化与教育要求。我国在新时代背景下提出了“立德树人”的根本任务，这是我国教育事业发展的新内容。因此，能否践行好新时代下教育的根本任务是摆在大学生心理健康教育面前的一个重要问题。这就要求在大学生心理健康教育过程中能够深刻理解立德树人的根本内涵，并将理解到的内容融入大学生心理健康教育课程体系中去。良好的心理状态是当代

大学生政治觉悟、道德品质与思想水平积极发展的前提，由此可知，大学生心理健康教育的重要地位不可撼动。目前，我国各大院校紧紧围绕新时代“立德树人”这一根本任务不放松，而大学生心理健康教育作为我国教育根本任务践行的途径之一也不能置之不理。通过做好新时代大学生心理健康教育评价工作，全面理解心理育人与立德树人的内在联系，充分践行立德树人理念下的心理育人。

从宏观层面分析，践行立德树人理念下的大学生心理育人是新时代大学生心理健康教育评价的功能之一。教育评价是对学校教育活动是否满足社会与个体需求的评价，同样也包括对价值观与价值理念的判断。因此，教育评价能够保障学校认真贯彻主流价值观，这与新时代的教育根本任务不谋而合，可以说，大学生心理健康评价对我国教育根本任务的践行有着积极的推动作用。因此，高校教育在贯彻立德树人的教育理念时，需要根据当前大学生心理健康教育评价发展的具体情况，给予大学生群体最大程度上的包容与尊重，在符合大学生群体心理发育规律，以及遵从教育时代发展要求的前提下，积极采取有效措施，通过大学生心理健康教育评价的宏观指导，为我国高校积极践行立德树人教育理念下的心理育人工作指明方向，只有这样，才有可能培养出符合时代发展要求的接班人。

（二）提升大学生心理健康教育质量

近些年，众多网络热词不断涌现，如“佛系”“丧系”等，这些网络词汇在大学生群体中广泛流传，并对大学生思想产生一种消极影响。大学作为意识形态工作的前沿阵地，应当发挥自身优势，通过大学生心理健康教育使得大学生能够拥有一个相对积极的心理状态，以便迎接未来崭新的生活、工作等方面的挑战。可以说，大学生心理健康教育是培养未来社会主义事业接班人的重要支撑与心理保障，对我国的思想文化建设起到极其重要的作用。总而言之，加强大学生心理健康教育，构建出可操作的健康教育评价体系势在必行。

大学生心理健康教育评价可以有指向性地对心理素质培育与心理健康教育成果进行评价与反馈，从而促进我国教育事业的发展，提升我国教育质量。新时代大学生心理健康教育评价工作，要在真正意义上发挥提升教育质量的功能，就需要做到因势而新、因事而化、因时而进，进而构建全方位且立体的评价体系，使得评价结构得以不断优化，以评促建、以评促改，最终实现提升大学生心理健康教育工作质量的目标。

（三）达成全员培育“四要”青年的育人目标

随着新时代的到来，大学生的使命与担当不断被注入新的内涵。“要爱国、要励志、要求真、要力行”是习近平同志对中国青年提出的四个具体要求，是对青年“有理想、有本领、有担当”的更深层次、更加具体的诠释。培养“四要”青年的爱国、励志、求真、力行的要求与心理健康教育联系紧密，关系着青年价值观与意志品质的培养。因此，要达成全员培育“四要”青年的教育目标，心理健康教育是推动新时代青年成长成才的着力点之一。

从大学生心理健康教育的角度出发，“四要”青年的提出是新时代对大学生心理健康教育评价标准的最新指导方针。如何培育出新时代“四要”新青年，大学生心理健康教育工作具体需要做到哪些新要求，完成哪些新内容，达成哪些新目标，这是大学生心理健康教育的发展方向，也是新时代大学生心理健康教育评价工作的落脚点。

参考文献

[1] 埃里克森 . 同一性：青少年与危机 [M]. 孙名之，译 . 杭州：浙江教育出版社，1998.

[2] 波兰尼 . 个人知识：朝向后批判哲学 [M]. 徐陶，译. 上海：上海人民出版社，2017.

[3] 陈会昌 . 道德发展心理学 [M]. 合肥：安徽教育出版社，2004.

[4] 陈英和，王静 . 学校教育中的创造力培养 [J]. 中国教育学刊,2010(6): 20–24.

[5] 陈佑清，曹阳 . 能动参与文化性活动：学生素养发展的基本机制 [J]. 课程・教材・教法，2018（12）：80–87.

[6] 陈佑清 . 符号学习与经验学习在学生发展中的关联与互动 [J]. 华东师范大学学报（教育科学版），2010（6）：24–32.

[7] 陈佑清 . 教学论新编 [M]. 北京：人民教育出版社，2011.

[8] 陈佑清 . 学习中心教学论 [M]. 北京：教育科学出版社，2019.

[9] 陈佑清 . 在与活动的关联中理解素养问题：一种把握学生素养问题的方法论 [J]. 教育研究，2019（6）：60–69.

[10] 丛立新 ."认识捷径说"的局限性 [J]. 教育研究与实验，1997（8）：43–46.

[11] 费斯汀格 . 认知失调理论 [M]. 郑全全，译 . 杭州：浙江教育出版社，1999.

[12] 高觉敷 . 中国心理学史 [M]. 北京：人民教育出版社，2009.

[13] 郭思乐 . 教育走向生本 [M]. 北京：人民教育出版社，2001.

[14] 江光荣 . 人性的迷失与复归：罗杰斯的人本心理学 [M]. 武汉：湖北教育出版社，2000.

[15] 堺屋太一 . 知识价值革命 [M]. 黄晓勇，韩铁英，刘大洪，译 . 北京：

生活·读书·新知三联书店，1987.

[16] 克拉夫特．创造力和教育的未来：数字时代的学习 [M]. 张恒升，译．上海：华东师范大学出版社，2013.

[17] 孔燕．谈大学生思想政治教育中的心理疏导机制建设 [J]. 才智，2014（12）：247.

[18] 林传鼎，陈舒永，张厚粲．心理学词典 [M]. 南昌：江西科学技术出版社，1986.

[19] 刘晓明．三十而立：中国心理健康教育的发展 [J]. 江苏教育，2018（11）：1.

[20] 刘宣文．心理健康标准与学校心理辅导 [J]. 教育研究，1999（3）：42–57.

[21] 刘月霞，郭华．深度学习：走向核心素养 [M]. 北京：教育科学出版社，2018.

[22] 鲁洁．一个值得反思的教育信条：塑造知识人 [J]. 教育研究，2004（6）：3–7.

[23] 罗杰斯，弗赖伯格．自由学习 [M]. 王烨晖，译．北京：人民邮电出版社，2015.

[24] 罗祖兵，郭超华．知识学习的体验属性及其教学意蕴 [J]. 教育研究，2019（11）：81–90.

[25] 墨菲，柯瓦奇．近代心理学历史导引 [M]. 林方，王景和，译．北京：商务印书馆，1980.

[26] 潘洪建．致知与致思：课程改革的知识论透视 [M]. 济南：山东教育出版社，2015.

[27] 钱焕琦，刘启珍．中国大学生心理健康教育 [M]. 南京：南京师范大学出版社，2007.

[28] 田友谊．创造力系统观及其对创造教育的启示 [J]. 清华大学教育研究，2006（2）：106–113.

[29] 王策三．教学论稿 [M]. 2 版．北京：人民教育出版社，2005.

[30] 王道俊．知识的教育价值及其实现方式问题初探：兼谈对杜威教育思

想的某些认识 [J]. 课程・教材・教法，2011（1）：14–32,43.

[31] 汪凤炎，燕良轼，郑红 . 教育心理学新编 [M]. 5 版 . 广州：暨南大学出版社，2019.

[32] 王双桥 . 人学概论 [M]. 长沙：湖南大学出版社，2004.

[33] 吴波，黄希庭 . 我国心理健康预防性干预研究现状 [J]. 中国临床心理学杂志，2013（4）：339–343.

[34] 吴也显 . 教学与儿童整体性发展 [J]. 教育研究与实验，1990（4）：1–5,10.

[35] 徐雪芬，辛涛 . 创造力测量的研究取向和新进展 [J]. 清华大学教育研究，2013（2）：54–63.

[36] 杨小微，张天宝. 教学论 [M]. 北京：人民教育出版社 , 2019.

[37] 阎亚军 . 知识教学与学生发展 [D]. 上海：华东师范大学，2006.

[38] 俞国良 . 社会转型：心理健康教育报告 [M]. 北京：北京师范大学出版社，2017.

[39] 俞国良，曾盼盼 . 中小学生创造力的测量和评价 [J]. 山东教育科研，2001（3）：97–100.

[40] 余文森 . 个体知识与公共知识：课程变革的知识基础研究 [M]. 北京：教育科学出版社，2010.

[41] 余震球 . 维果茨基教育论著选 [M]. 北京：人民教育出版社，1994.

[42] 张承芬 . 教育心理学 [M]. 济南：山东教育出版社 , 2000.

[43] 张良，靳玉乐 . 知识运用与素养生：探讨素养发展的知识路径 [J]. 教育学报，2019（10）：45–52.

[44] 张耀灿，郑永廷，吴潜涛，等 . 现代思想政治教育学 [M]. 北京：人民出版社，2001.

[45] 朱智贤 . 心理学大词典 [M]. 北京：北京师范大学出版社，1989.

[46] Brown A L .Design experiments: theoretical and methodological challenges in creating complex interventions[J].Journal of the learning sciences, 1992, 2(2): 141–178.

[47] Collins A. Toward a design science of education[M]//Scanlon T, Shea

O.New directions in educational technology. Berlin: SpringsVerlag, 1992.

[48] Craik F I M, Lockhart R S.Levels of processing: a framework for memory research[J]. Journal of verbal learning and verbal behavior, 1972, 11(6): 671–684.

[49] Mayer R E.The Cambridge handbook of multimedia learning[M]. Cambridge: Cambridge University Press, 2005.

[50] Schwartz S J. The evoluation of Eriksonian and neo–Eriksonian identity theory and research: a review and integation[J].Identity: An International Journal of Theory and Research, 2001, 1 (1) : 7–58.

[51] Siegler R S, Chen Z .Developmental differences in rule learning: a microgenetic analysis[J]. Cognitive psychology, 1998, 36 (3) : 273–310.

[52] Simon H A. The sciences of the artificial[M]. Cambridge MA: MIT Press, 1996.